普拉提与体能

提升运动表现、促进恢复的综合方案

[英]埃米·拉德曼（Amy Lademann） 里克·拉德曼（Rick Lademann） 著 汪敏加 译

人民邮电出版社

北 京

图书在版编目（ＣＩＰ）数据

　　普拉提与体能：提升运动表现、促进恢复的综合方案／（英）埃米·拉德曼（Amy Lademann）著；（英）里克·拉德曼（Rick Lademann）著；汪敏加译. — 北京：人民邮电出版社，2020.10
　　ISBN 978-7-115-53958-8

　　Ⅰ．①普… Ⅱ．①埃… ②里… ③汪… Ⅲ．①体能—身体训练 Ⅳ．①G808.14

　　中国版本图书馆CIP数据核字(2020)第079524号

免责声明

本书内容旨在为大众提供有用的信息。所有材料（包括文本、图形和图像）仅供参考，不能替代医疗诊断、建议、治疗或来自专业人士的意见。所有读者在需要医疗或其他专业协助时，均应向专业的医疗保健机构或医生进行咨询。作者和出版商都已尽可能确保本书技术上的准确性以及合理性，并特别声明，不会承担由于使用本出版物中的材料而遭受的任何损伤所直接或间接产生的与个人或团体相关的一切责任、损失或风险。

内 容 提 要

　　本书作者基于多年的学习、研究和实践经验，分享了普拉提体能训练的思路和技巧。这种以科学为基础的创新训练方法被称为七大分支训练，它将普拉提融入其中，帮助运动员建立坚实的体能基础。这七大分支为力量、柔韧性、灵活性、稳定性、爆发力、速度和敏捷性，是所有项目的不同水平的运动员都应具备的身体素质。在书中，作者提供了针对这七大分支的科学评估方法、训练动作和针对不同目的的基础、进阶和专项训练方案，以及呼吸、热身和放松指导，切实帮助专业运动员和运动爱好者改善弱项、优化强项，从而均衡发展各项身体素质、不断提升运动表现并远离损伤。

◆ 著　　　[英] 埃米·拉德曼（Amy Lademann）
　　　　　　　里克·拉德曼（Rick Lademann）
　　译　　　汪敏加
　　责任编辑　王若璇
　　责任印制　周昇亮
◆ 人民邮电出版社出版发行　　北京市丰台区成寿寺路 11 号
　　邮编　100164　电子邮件　315@ptpress.com.cn
　　网址　https://www.ptpress.com.cn
　　涿州市般润文化传播有限公司印刷
◆ 开本：700×1000　1/16
　　印张：16.5　　　　　　　　　　2020 年 10 月第 1 版
　　字数：296 千字　　　　　　　　2025 年 8 月河北第 11 次印刷
　　著作权合同登记号　图字：01-2019-3970 号

定价：88.00 元
读者服务热线：(010) 81055296　印装质量热线：(010) 81055316
反盗版热线：(010) 81055315

目录

第 3 部分   训练方案

致谢

本书得以顺利出版，要感谢各位优秀的导师及教练。若没有你们的支持与鼓励，我们无法将这部作品呈现出来。

里克（Rick）

感谢艾尔·韦尔梅伊（Al Vermeil）对我的悉心照顾和教导，我对此感激不尽。同时也要感谢指引我事业发展的良师兼益友蒂姆·亚当斯（Tim Adams）。最后，尤其感谢我的父母长久以来对我的支持，感谢你们在我外出学习时不断鼓励着我，如果没有你们，我不会取得今天的成就。

埃米（Amy）

感谢我的家人和朋友给予我源源不断的动力。感谢卡门·马歇尔（Carmen Marshall）让我意识到一切皆有可能。感谢广大客户，正是因为你们，我们才想要努力做到最好。另外要感谢里克，你一直是我的灵感来源。你拥有过人的天赋，不论在室外还是室内，看你训练都会令我无比惊叹。你改变了无数人的生活，影响着新一代的力量教练。向你致敬！

感谢 BEYOND MOTION®大家庭在本书的编写过程中给予我们的帮助和源源不断的鼓励。感谢希瑟（Heather）时常确保我们始终有充足的时间进行创作。感谢优秀的模特们：威布斯（Wibs）、杰米（Jamie）、凯利（Kelly）、多姆（Dom）和卡尔（Carl），谢谢你们让烦琐的工作变得如此简单。

简介

本书是专为职业运动员和高水平运动员编写的。本书将提供与训练和恢复相关的宝贵思路和技巧，旨在提升运动员的比赛水平。我们将为你提供赛前和赛后练习，以帮助你制定出一套更加实用的方案，从而更好地满足身体需求，使你能够发挥出更高的水平。本书所包含的评估方法和训练方案，与我们在训练机构内针对职业运动员和高水平运动员所运用的内容一致。不论你是50岁的铁人三项运动员、大学生运动员、职业运动员，还是业余运动爱好者，本书都非常适合你使用。

我们建议你从个体评估开始，完全按照本书的方案进行训练。在学习完每章后，你可以根据你的评估结果、当前的需求和目标，在本书末尾的内容中选择适合你的训练方案。本书不是一本只适合一次性阅读的书籍，它可以作为你的训练伙伴和教练。无论你是在家里、健身房还是在户外训练，你都能够用到这本书。当获得一定的训练效果之后，你可以重新温习书中的训练方案，以获得新的灵感和训练方式。你可以根据自身当前的运动水平和需求，每隔几个月进行一次进阶来提升难度。注意，要将你的进度记录下来，并设定目标。成功的运动员从来不会毫无章法地进行训练。他们不会在训练过程中时常思考"下一步我该做什么"，而是有规划地完成每项训练。每项训练的安排都要具备目的，每个练习和方案之间都需要相应的联系。

本书是我们二十多年来不断努力、探究并与职业运动员和高水平运动员一起实践的成果。在此过程中，我们了解到，尽管每个人的身体都是独一无二的，但是所有的运动员都需要具备相同的基础才能达到最佳水平。为了使你能够更好地备赛，我们从多个角度设计了完整而合理的训练方案。

我们始终坚持科学的训练方式，从根本上重塑身体，帮助你的神经系统和肌肉组织更高效地运作。这套被称作"七大分支"的多方位训练系统，将帮助你成为一名更强大、更迅捷、更健康、准备更充分的运动员。

你将掌握的基本技巧及其益处如下。

- 增加肺活量、减轻压力和控制呼吸的呼吸练习。

- 拉伸髋部、腘绳肌和背部的伸展运动。
- 改善活动度和平衡能力的关节运动。
- 激活和强化臀肌的方法。
- 每节课开始前的动态热身运动。
- 放松肌筋膜的热身运动。
- 增强核心力量、改善体态、均衡发展身体力量并增加柔韧性的普拉提训练。
- 增强力量和爆发力的抗阻训练。
- 在对角线和横向平面上进行的药球训练。

运动与身体

　　健身界一直流行着多种多样的理论和方法。许多曾经广受追捧且被认为是"有史以来最好训练方法"的健身方式，在其出现不久后就被人们摒弃。一些过于花哨、复杂的健身方式成为趋势，而我们则将重点放在让运动员变得更快、更强上。每个运动员都有自己的弱项，而作为教练，我们要做的就是找出这些弱项，并把它们变为运动员的强项。

　　在多年的运动员训练经历中，我们常听到以下问题。

- "我怎么知道目前哪些练习最适合我？"
- "我的教练长期以来一直给我安排相同的训练，我要如何判断是否应该进阶？"
- "训练后，我的身体无法及时恢复，我该怎么办？"
- "拉伸后达不到效果，我该怎么办？"
- "我在之前的训练中受过伤，我要如何预防再次受伤？"
- "在休赛期我应该做些什么？"
- "我听说普拉提是一项很好的锻炼，但我该怎么做，什么时候开始做？"

　　本书将就以上问题做出解答，但首先我们需要说明本书中不会包含的内容。本书不会为你提供短时间内就能达到效果的训练方案；本书不包含复杂、极端的训练，不会让你突破自己的极限，也不会强制你加大训练力度。本书的目的是指导和辅助你，为你提供提升运动表现的机会。

消除误区

　　本书的不同之处在于，不仅可以消除训练误区，从全新的角度剖析运动训练，还能够教会你如何以一种新的方式训练自己的身体。我们为运动员提供的全方位训练方法是多角度、多层次的，它可以帮运动员打造更强大、更灵活的基础，以便运动员在该基础之上进行训练。

　　那么，本书究竟能为运动员带来什么？要知道，不论运动员从事哪类运动项目及年龄大小，每个运动员的训练都需要包含一些基本要素才能取得成功。这就是训练的七大分支：力量、柔韧性、灵活性、稳定性、爆发力、速度和敏捷性。

　　试想，如果你想提升速度，你需要解决哪些问题？你是否具备良好的力量基础？你是否具有一定的柔韧性？你的灵活性如何？你的稳定性是否合格？你有良好的呼吸控制能力和肺活量吗？如果不解决这些关键问题，你提升速度的能力就会受到诸多限制。体能较弱和缺乏柔韧性的运动员无法进行快速运动。因此，我们的目标是确保运动员的运动是有效的，帮助运动员充分发挥运动潜力。

　　在我们的训练机构中，对运动员的初始评估是为其制定个性化训练方案的关键。评估可以为我们制定初始训练方案提供参考基础。

　　在评估过程中，我们会使用不同的方法测试出每位运动员的运动模式、活动度、力量基础、柔韧性和核心力量。评估完成后，我们将总结出可确定的弱项，然后分析如何解决它们。如前所述，我们的目标是将这些弱项转化为强项，帮助运动员在比赛中走得更远。

　　不是每个人都有条件到训练机构进行训练，因此我们将为运动员提供自学的方法。我们希望运动员能在开始训练之前了解正确的信息，并填写简单的表格。

　　那么应当从哪里开始？如何判断哪些练习更适合初始训练？本书提供了身体评估的详细步骤，以便运动员从本书后面列出的方案中选择开始训练的最佳方案。90天后，运动员需要再次进行身体评估并重新选择训练方案。我们将为运动员解答疑惑，并提供适合的KISS（Keep It Super Simple，即"简单易用"）方法。运动员将学习训练前后的理论、普拉提练习及整体训练的方法。无论身在何处，运动员的训练方案都是随时可用的。这不仅是一本告诉运动员要做什么的书，它还会告诉运动员如何做。运动员会在本书中找到身体所需的答案。

　　完成初始评估并阅读相应的内容后，运动员将能够从一开始就确定哪些方案最适合自己。运动员还可以选择一些独立的练习，以帮助自己更好地达成目标。我们建议运动员在按照一套方案训练 30 天后，按初始评估重新做一次自我评估，以检查自己的进度。当力量和身体表现均得到提升后，即可适当地对训练方案做出更改与优化。

第 1 部分 | 普拉提训练

1 | 功能性 训练

每个人每天都会为了特定的需要而进行数百次运动。其中一些运动是靠整个身体来完成的，例如，清早起床或从一个地方走到另一个地方。而一些运动则只需要部分身体参与，例如，刷牙、接电话或手和手臂配合将食物送入口中。通常，人们都是无意识地完成这些动作。身体在未受伤或未受到限制的情况下，都是根据它所熟悉的模式来运动的，这种运动使人们受益。

"功能性训练"，或称"功能性健身"，指的是为了使人们的日常运动更有效、更不容易受伤而进行的训练。事实证明，一些无意识的重复动作可能不是最具效率的运动方式，并且这类运动有可能导致或加剧身体劳损，增加身体负担，甚至产生更严重的问题。如果这些问题得不到解决，则可能引发长期的肌肉、关节、组织和神经问题。

作为一名运动员，这对你意味着什么？在训练中使用功能性训练方法可以帮助你避免或解决这些问题，以便你可以按照自己的方式运动。你可能在日常活动中不存在任何问题，如起床或上楼，但你的身体是否充分发挥出了它的潜能？在你所选择的运动项目中，你是否处于最佳状态？你的训练方案是否能为你提供有效的方法和足够的知识来帮助你成为一个更快、更强、更灵活、状态更好的运动员？如果答案是否定的，那么本书将给予你很大的帮助。

BEYOND MOTION®的训练方法有何不同

BEYOND MOTION®的运动理念是将人的身体视作一个整体、一个完整的功能性结构，在此基础上突破弱项、优化强项。每个人都具有独特的遗传倾向，因此，人们的身体并非生来一样。为了帮助运动员发挥出真正的潜力，我们设计了由七大分支构成的体系。当你熟练地掌握这套体系时，你将不仅能够学会如何突破自己的弱项，还能够更为直观地了解自己的身体，从而达到你的目标。

七大分支训练

我们在设计训练器械和训练方案时，通常会以一种独特的方式将普拉提和运动员的表现融合在一起。我们多年来训练职业运动员、业余运动爱好者和学生运动员的经验使我们清楚地了解到，要使运动员的身体得到充分锻炼，应该使他们专注于哪些能力的训练，而我们的训练理念就是侧重于这些能力的发展。无论是业余运动爱好者、铁人三项运动员还是职业棒球运动员，优秀的运动员都具备同样的身体素质。

运动员都具备一定程度的力量、柔韧性、灵活性、稳定性、爆发力、速度和敏捷性，而优秀的运动员则在这些方面具备更好的表现。教练要做的，就是确定运动员在哪些方面存在不足，并制定相应的训练方案来改善这些不足。要达到最好的效果，就应当按照从力量到敏捷性的顺序，依次训练上述各项能力。正如迈克尔·乔丹（Michael Jordan）曾经说过的那样："我的人生态度是，你若一直攻击你所认为的我的弱项，那么我会将此弱项转变成强项。"这句话启发了我们，让我们创造出"七大分支"的概念。如果教练能够妥善地解决这 7 个方面的问题，他们就能让运动员发挥出其最大的潜能。教练的工作是帮助运动员做好准备，但仅进行一方面的训练无法做到这一点。教练需要具备充足的知识来察觉和发现运动员的弱项，然后利用适当的方法突破这些弱项。因此，首先要掌握七大分支的概念。

力量

力量是运动的基础。因此，力量也是运动员要具备的第一要素。运动员如果没有力量，就不可能完成一项运动。力量可分为两种类型：相对力量和绝对力量。相对力量通常用于散步和慢跑等活动，绝对力量则通过举重等涉及外部刺激的运动产生。运动员理解这两种力量的差异很重要，因为在通常情况下，绝对力量要靠运动员自身及他们团队的力量教练主动去维持。除非运动员受伤，否则相对力量是一直存在的，因为它是自然产生的，不需要训练。绝对力量是爆发力产生的前提。如果绝对力量有所下降，那么运动员在球场或赛场上的表现则立刻会有明显变化。因此，运动模式左右着运动员的表现。

　　要如何测试力量？这个问题是对运动员进行评估和强化的关键。一次重复最大力量（1RM）蹲举测试等一些简单的测试是较为有效的方法。男性运动员 1RM 蹲举的目标重量应接近其体重的 2 倍。也就是说，体重为 180 磅（约 81.65 千克）的男性运动员应负重 350 磅（约 158.76 千克）进行蹲举。而女性运动员 1RM 蹲举的目标重量应约为其体重的 1.5 倍，因此体重为 135 磅（约 61.23 千克）的女性应负重 200 磅（约 90.72 千克）或以上进行蹲举。虽然以上数据属于较高要求，但想要充分发挥潜力，运动员必须达到这些标准。赛场上的许多优秀运动员都可以进行高水平的 1RM 蹲举和挺举。波士顿红袜队的运动员克里斯·塞尔（Chris Sale）于休赛期在 BEYOND MOTION ®进行训练时，着重训练的就是力量，因为力量是他对体能和普拉提训练的最大需求。经过 5 个休赛期的训练，他达到了目标，并且在赛场上的运动模式也更加稳定。

柔韧性

　　柔韧性通常是运动员比较欠缺的。大多数人都喜欢训练，但不喜欢拉伸。运动员都需要柔软的肌肉组织。只有柔软而富有弹性的肌肉组织，才能使动作更加

创造灵活性

　　在柔韧性对于运动表现的影响方面，科罗拉多洛基山队的最有价值球员（MVP）拉里·沃克（Larry Walker）就是一个很好的例子。在 21 世纪初，拉里曾多次受伤。虽然他是一名全能运动员，但他的髋部肌肉和腘绳肌一直十分紧绷。目前还不清楚这是否由其以前的伤病引起，但很明显，柔韧性是相当重要的。普拉提当时还未广泛运用于运动员的训练，因此本体感觉神经肌肉促进法（PNF）为拉里的柔韧性需求提供了解决方案。举例来说，当拉里完成一套罗马尼亚硬拉后，他在教练的指导下，在平面上进行了股四头肌的拉伸练习。这套拉伸练习锻炼了他的后群肌肉或后侧肌肉链，同时也使他髋屈肌受限的问题得到了很好的改善。这种运用于他的髋部肌肉和腘绳肌的训练技巧还提高了接下来一个分支（灵活性）的水平。

流畅，此外，它最重要的一点是可以降低运动员的受伤概率。柔韧性创造流动性，流动性则能使运动产生美感。每个人都具有一定程度的柔韧性。柔韧性较差的运动员通常更容易受伤。如果仔细观察会发现，缺乏柔韧性的运动员做出的动作都比较机械化，并且他们在赛场上的动作模式也缺乏流动性。

灵活性

什么是灵活性？灵活性是经常被谈及的话题，但它究竟能为比赛提供什么帮助？可以这样理解：柔韧性影响着肌肉的长度，而灵活性则影响着关节在一定活动范围内的移动方式。让我们回到拉里·沃克的例子。他的髋部肌肉缺乏柔韧性，

教练技巧

在我们对美国职业棒球大联盟（MLB）投手布朗森·阿罗约（Bronson Arroyo）进行初步评估时，他已是一名多年的主力投手。他是棒球界有名的"控场王"，总是能够在比赛的关键时刻力挽狂澜。作为一名经验丰富的投手，他总是竭尽全力投球，因此，过度的投球量和训练量对他来说成了一个问题。他的肌肉组织比我们想象中要紧得多。但让人感到惊讶的是，他的紧绷部位主要集中在髋部，而非手臂。当我们对他的两侧髋部进行外旋测试时，我们发现布朗森的肌肉一端非常僵硬，这就表示该部位的组织受限，无法正常活动，从而导致身体其他部位的代偿。在理想情况下，外旋（向身体外侧旋转）接近极限角度时，会有放松的感觉，但布朗森在这种情况下，肌肉组织却是无法放松的。评估显示布朗森拥有很高水平的绝对力量。在运动生涯中，他经常进行负重训练并享受负重训练的感觉。这种形式的训练也为他带来了许多益处，他也因此获得了成功。

但接下来，我们向布朗森说明了，在休赛期，举重并不是他的首要任务。他首先需要做的，是通过按摩和主动放松疗法（ART）来解决柔韧性和肌肉组织的问题。在改善了活动度以后，才能够恢复以往的负重训练。

作为体能教练，需要优先考虑运动员的休赛期需求，哪怕运动员不愿意配合。有时候，运动员需要转变思维模式才能意识到，随着他们在运动中不断成熟和成长，他们优先考虑的因素也会发生变化。灵活性是首先要考虑的因素，我们需要使布朗森明白这是他需要做出的改变。在向布朗森解释了七大分支的概念后，他明白了灵活性的重要性。他是一个有良好认知能力的运动员，理解这种重要性使他能够让自己处于最佳状态，更好地为实现目标而努力。

影响了他的髋关节灵活性。因此，柔韧性和灵活性是相辅相成的。相反，如果运动员具备良好的柔韧性，但缺乏力量，其灵活性也会受到限制。因此，又回到了第一个也是最重要的分支：力量。现在你应该掌握了这三者之间的关系。教练需要衡量运动员的力量、柔韧性和灵活性，并了解三者之间是如何相互影响和作用的。教练的经验越丰富，就越能够准确地评估这些因素。

稳定性

就运动员的稳定性而言，并不一定是体格更大、体重更重的运动员的稳定性更好。我们所说的稳定性指的是运动员在运动模式中的稳定程度。他们是能够凭借肌肉正确发力而做出并保持特定的姿势和动作，还是会因为身体组织虚弱而进入代偿模式，从而产生不稳定现象？一部分运动员不稳定的原因是肌肉组织虚弱和过度紧张，而另一部分运动员不稳定的原因则是受伤和代偿。作为教练，要能够识别不稳定的根源，并针对性地解决它。

你的臀肌能够控制你的膝关节，这就表示你的臀肌力量有助于稳定你的膝关节。如果你在做弓步练习时不能稳定膝关节的前部，那么你的臀肌就没有被激活，后者会导致膝关节和髋部不稳定。让我们依次进行分析：臀肌控制膝关节，膝关节控制脚踝，脚踝控制脚部。现在你明白它们之间的关联了吗？ 如果其中一个部位缺乏力量和稳定性，那么就会出现 BEYOND MOTION®中提到的"脱节"问题。在这种情况下，"脱节"意味着你在运动过程中有某一个部位没有被激活，并且缺乏该部位所需的控制力量。本质上，你是在做无用功。因此，通过改善相应关节的稳定性，整体运动模式也会得到改善，并且动作也会更加干净、流畅。

违背人体力学

美国职业橄榄球大联盟（NFL）前边锋温斯顿·贾斯蒂斯（Winston Justice）在接受膝关节镜检查后被转介给我们。我们的首要任务是激活他的臀肌和后侧肌肉链，以减轻其膝关节的压力，同时稳定这些肌肉，减少其膝关节的损耗。在与他合作之后，他的退役时间延迟了 3 年，所以我们很成功。温斯顿就是一个典型的例子，他能一直参加比赛依靠的是他下半身非常高水平的力量，但这违背了人体力学。他的稳定性主要来源于力量。力量"脱节"对温斯顿的影响降到了最低，因此他一直有着极强的爆发力。

爆发力

　　爆发力，即发力的能力。而发力则需要强大的力量基础。例如，一名身高为 5 英尺 9 英寸（约 1.75 米）能扣篮的篮球运动员具备扎实的使他能够完成垂直起跳的力量基础，这就表示该运动员懂得如何发力。爆发力的产生是由上述几大核心能力共同实现的，同时包含柔韧性、灵活性和力量。

速度

　　速度是运动员十分渴求的特质之一。速度是指在特定时间内移动一定距离的能力。这是一项需要学习的技能，但许多运动员很少花时间去完善它。速度来自内在，这意味着即使运动员整天都在赛道上训练，并且他们也了解提升速度的过程，但仍然需要一定的感觉来完善这项技能。因此，真正重要的是外在无法显现出来的能力。节奏感和流畅感是提升速度的关键。如果不充分训练这些能力，速度就无法得到提升。在神经系统的所有训练形式中，速度训练是最难的，所以速度训练应追求的是质量而不是数量。因此，它必须被战略性地分阶段纳入运动员的训练方案当中。在训练速度时，"七大分支"中能够发挥作用的有力量、敏捷性、灵活性和柔韧性。要使速度得到提升，运动员必须首先发展力量基础。在打好基础之后，运动员或教练应该能够确定需要解决七大分支中的哪一项，以进一步提升速度。

里克的建议

　　我曾有幸在科罗拉多斯普林斯的奥林匹克训练中心（OTC），在举重教练德拉戈米尔·索罗斯兰（Dragomir Cioroslan）的指导下工作了两年。索罗斯兰是奥运会铜牌得主。在那期间，我有机会观察并指导一些美国的运动健将。我在奥林匹克训练中心进行举重辅导时，曾告诉自己："这就是你创造爆发力的方式。"因此，爆发力训练给我留下了许多特别的回忆。

　　奥林匹克举重项目包含在我们所有的运动员训练方案中，是训练的关键要素之一。奥林匹克举重是帮助运动员做好赛前准备的极佳运动，特别是挺举或抓举。这两种运动都需要很好的爆发力，并且包含高强度的离心动作，需要在抓杆过程中进行良好的控制和保持稳定。要正确地举重，运动员必须同时掌握在举起杠铃时的推力和放下杠铃时的控制力。在放下杠铃时，要学会如何减速，包括自身的速度和杠铃的速度。

敏捷性

你是否有机会亲眼看见职业网球选手罗杰·费德勒（Roger Federer）的比赛？如果你从事相关领域的工作，那么他的比赛绝对不容错过。他的动作毫不费力，充分地诠释了敏捷性的概念。敏捷性可以被定义为快速而轻松地移动的能力。那么，你能够在训练时保持敏捷性吗？或许在这点上教练们对你的评价不一。虽然每个人的身体状况存在先天差异，但敏捷性是可以训练的。敏捷性与神经因素相关，所以应从早期开始训练，这对运动员的休赛期训练规划也很重要。运动员可能需要数周或数月才能看到速度和敏捷性的提升。敏捷性，就如同爆发力一样，存在着诸多影响因素。如果没有柔韧性、力量、灵活性和爆发力，你的敏捷性也会受到极大限制。只有当同时具备这几种能力时，你才能够做出干净而协调的动作。许多教练可能与敏捷型运动员合作过，但他们的敏捷性已经达到最佳水平了吗？记住，教练的工作就是让运动员发挥出最好的水平，无一例外。

有了这七大分支，教练就有了一个全面的系统。当他们评估运动员的不足和优势并确定运动员的需求时，就可以参考这个系统，而不需要再重新建立一个系统。在判断运动员的弱项和强项方面，芝加哥公牛队的力量教练艾尔·韦尔梅伊就是一个很好的例子。当被问及他是否通过将多种增强式训练纳入运动员的训练方案中来训练运动员时，他的回答令人惊讶。事实上，他们的训练方案中几乎不包含增强式训练。他认为没有必要重复日常篮球训练时的动作。运动员在日常训练时未做力量训练和奥林匹克举重训练。那么运动员们缺乏的是哪几项分支能力？力量和爆发力。因此，通过专注于这些方面的训练，他培养出了在球场上更强健、更具爆发力的运动员。

为了锻炼运动员的这七大分支能力，我们采用了一种将它们结合起来的方式，这将有助于运动员成为一个更加全面的运动员。它就是我们的秘密武器之一——普拉提。

什么是普拉提

普拉提，早期被称为控制术（Contrology），是由约瑟夫·普拉提（Joseph Pilates）发明的。在他1945年出版的《通过控制回归生活》一书中，他这样描述自己的训练方法："当控制运动的艺术恰当地表现出来时，它应该在视觉和感觉上都像是一种锻炼，而非治疗方式。"坚持练习普拉提，可以增强柔韧性，增强力量，并锻炼全身的平衡能力、控制能力和耐力。身体的核心由腹部、下背部和髋部的肌肉组成，它通常被称作身体的能量轴心（Powerhouse）。它是保持身体稳定的关键。我们可以将普拉提训练从初阶到高阶进行划分，并根据运动员的目标和能力制定训练方案。随着身体的适应，普拉提训练的强度也会逐渐增加。

普拉提的原则

虽然约瑟夫·普拉提的控制学原则没有具体说明，但多年来，教练们已经总结出了普拉提训练的六大重要原则，它适用于在地面上和在器械上做的普拉提训练。

我们将在第 5 章详细介绍如何将这些原则直接纳入你的运动训练中。

普拉提的六大原则

1. 呼吸——释放身体的压力，与核心建立更深层次的联系，使脊柱完全放松。
2. 居中——把你的注意力集中到身体的核心（也就是能量轴心），感受身体的前部和后部，以及肋骨至耻骨之间的连接。
3. 专注——保持全神贯注，专注于每一项练习，并感受其目的。
4. 协调——协调你的大脑和身体、你的呼吸和动作，增强大脑对身体动作和运动功能的控制。
5. 流畅——每一个普拉提动作都应该平稳流畅。练习时应从一个动作过渡到下一个动作，中间不要有停顿。
6. 精准（也称为控制）——保持动作流畅，不能断断续续。控制强调的是每一个动作的精准，而不是追求强度和数量。将动作做到位可以得到最大的益处。

普拉提的运用

每天都有许多职业运动员和业余运动爱好者来向我们寻求帮助，希望提升自身竞争优势，获得更多的知识，或是学习一些能够提升他们运动表现的内容。为了帮助他们实现目标，在经过初步评估后，我们会将普拉提纳入他们的训练方案中。

我们时常听到运动员反馈，在开始进行普拉提训练之后，他们在一周的其他

约瑟夫·休伯特斯·普拉提（Joseph Hubertus Pilates）传记

约瑟夫·普拉提于 1883 年 12 月 9 日出生于德国门兴格拉德巴赫（杜塞尔多夫附近的一座城市）。约瑟夫幼年时就患有哮喘、佝偻病和风湿热。他决心战胜疾病，从青少年时期就开始研究如何变得更强壮、更健康。他自学了解剖学、健美、摔跤、瑜伽、体操和武术。渐渐地，他拥有了像阿多尼斯（Adonis）一样的体格。并且他的身体发育良好，在 14 岁时，他就成为解剖图模特。

约瑟夫崇尚古希腊的理想男子，那些男子对身体、思想和精神同样重视。他认为现代的生活方式、不良的身体姿势和低效的呼吸是导致健康状况不佳的根源。他根据这一现状，结合他对人体的了解，设计了一系列独特的增强体质的训练，以帮助矫正肌肉失调和改善身体姿势，提高协调性、平衡能力、力量以及柔韧性，同时增加肺活量和改善器官功能。

他在战争期间设计了一套独创的训练体系，并将其命名为"控制术"，意思是身体、心灵和精神的完全协调。在此期间，约瑟夫对他的体系做出了改进，并指导他人进行训练。他在病床上安装了弹簧，使卧床不起的病人能够利用弹簧产生的阻力进行锻炼，以增加稳定性和灵活性。战争结束后，约瑟夫继续完善他的训练方法。之后他取得了成功，且其训练方法在德国汉堡市被用于训练当地警察。

1926 年，约瑟夫移民美国。他在去纽约的船上遇到了他未来的妻子克拉拉（Clara）。他们一起在曼哈顿开设了第一家控制术工作室，控制术工作室和几家舞蹈工作室位于同一栋楼内。约瑟夫的工作室成了舞者们疗伤和训练的地方。舞者们被送到那里接受"修复"。约瑟夫既有创造力又足智多谋，他毕生都在完善他的控制艺术，现在被称为普拉提。他设计并制作了许多训练器械，人们今天仍在世界各地的普拉提工作室和理疗室中用到这些设备。弹簧张力作为阻力或辅助，皮带用以固定手脚，支撑垫和靠垫则帮助背部、颈部和肩部保持正确对齐的状态。普拉提器械练习是普拉提垫上练习的一个极好的补充方式，因为对于一些人来说，在垫上练习要比在器械上练习更难。在做普拉提垫上练习时，要依靠身体自身的力量和柔韧性来完成每一个动作，而普拉提器械上的弹簧能为每项普拉提练习提供适当的辅助或阻力。

1967 年，约瑟夫去世。克拉拉继续从事教学和管理工作，直到她于 1977 年去世。他们最初设计的练习目前仍然在被使用。每项练习都包含稳定性环节和灵活性环节，且每个动作之间都具有流动性，能够增强耐力、呼吸控制力、力量和柔韧性。所有关键环节均可提高运动员和非运动员的运动质量。普拉提是唯一一个综合性的锻炼项目，练习者可以同时进行锻炼和拉伸，而不是先锻炼后拉伸。

今天，数百万的练习者不仅把普拉提作为一种疗养方式，还把它作为训练方案的重要组成部分。这些都是对约瑟夫的生命以及他的传奇人生最大的褒奖。他真的是一个走在时代前列的人。

训练中都变得轻松了许多。他们的耐力得到增强，身体更容易伸展，身体意识更强，并且感觉更加专注和放松。因此，在任何训练项目或运动中，了解基本原理是非常重要的。

以下是我们给入门练习者的五大建议。

1. 普拉提是纯粹的普拉提。任何其他与普拉提相结合的运动形式都不再是普拉提。普拉提垫上练习是所有普拉提器械练习的基础。在进行垫上练习时，你需要依靠自身的力量和柔韧性去完成它，因此，垫上练习也是最难学习和最难做好的一种练习。由于普拉提器械上的弹簧张力可以用来增加阻力并当作辅助，因此许多练习在器械上似乎比在地面上更容易学习和完善。

2. 当你学习了动作并了解了更多理论知识后，你的动作将变得更加流畅，并且你可以更加精准地完成它。动作要保持流畅，不要断断续续，要做到位，不能太过僵硬。不追求过多的重复次数和组数。许多普拉提动作的重复次数都不超过 8 次。

3. 每项普拉提练习都应包含力量和柔韧性元素。

4. 当你身体的某个部位在进行移动时，你身体的其他部位需要保持稳定。

5. 不是每个人都能以同样的方式做每一项练习。受伤、代偿、虚弱和紧张等因素会使你身体的某些部位的活动程度与他人有一些差异。因此可能需要修改动作并使用一些辅助工具来进行正确的训练。

普拉提的原则和七大分支

普拉提是一套完整的训练方案，它能整合你的身心，精准地提高你的肌肉控制能力、力量、柔韧性和呼吸控制能力。约瑟夫本人将他的控制体系描述为"一种身体和精神调节的方法"。普拉提训练方案中的练习有助于激活使用较少的肌肉，并使你的核心（能量轴心）得到充分运用。这些运动可以使你的肌肉均衡发展，更高效地提升你的训练效果。

稳定性和灵活性

如前所述，每项普拉提练习都包含稳定性和灵活性的元素。将这些元素结合起来可以使动作变得流畅，每个动作之间都是有过渡的，且中间没有停顿。普拉提将使你的关节更灵活，拉长你的肌肉，提高你的呼吸控制能力，增强你的耐力，并使你的身心合二为一。普拉提练习将帮助你与你的身体建立一种全新的关系。

柔韧性

普拉提练习能正确地调节身体，平衡影响关节和骨骼的肌肉和外部因素，从而纠正因受伤或姿势问题引起的身体失衡。我们将普拉提练习作为身体劳损康复的一个组成部分，帮助运动员减少他们在运动中再受伤的可能性。我们经常发现，许多运动员受伤不仅是由于身体素质差和代偿，肌肉紧张也会导致受伤。通过将普拉提练习纳入他们的周训练计划，能够扩大他们的运动范围并提升他们的整体柔韧性。

敏捷性

普拉提练习有助于增强你的空间意识和身体控制能力。将这些新的运动模式稍加调整，可直接应用到健身房、室外、球场或田径场上。

爆发力

普拉提练习有助于提高爆发力。如果身体缺乏稳定性，就会影响爆发力的产生。而增加核心稳定性是普拉提训练方案的重要优势之一，它能够增强你的爆发力。当你的身体通过髋部和核心部位创造出更大的力量及稳定性时，你就能够产生更大的爆发力。许多练习效仿了在实际运动中运动链的特定模式。美国国家运动医学会（NASM）将运动链定义为神经、肌肉和骨骼之间的关系或连接。运动链分为两类，开放运动链和封闭运动链（开链运动和闭链运动），它也可以用来描述和区分普拉提练习。例如，当你蹲下时，你的脚会压在地面上以抬高和降低你的身体，这就是一项闭链运动。而使用屈腿训练机时，小腿自由摆动，这就是一项开链运动。

力量和速度

在做一些普拉提练习时（如侧卧腿部训练），你的身体会呈单侧姿势。通过类似的练习，你会发现如何平衡身体的弱项，并会发现从身体右侧到左侧、从前侧到后侧的更大的对称性和力量。力量和柔韧性与速度有直接的关联。当运动员具备一定的力量基础，且他们的肌肉富有弹性和柔韧性时，他们的速度就能得到更大的提升。肌肉无力或紧张都会限制速度。

普拉提对职业运动员的好处

首先，想一下大多数职业游泳运动员的身形。一般来说，他们看起来都很强壮，他们的肌肉组织要比其他运动员的肌肉组织更厚，并且他们的姿态略微前倾，肩膀也比较圆。再想象一下芭蕾舞者的身形。芭蕾舞者往往看起来比实际身高要高。他们的姿态更为挺拔，虽然他们的肌肉强健有力，但看上去却十分苗条。显然，两者的姿态完全不同，这是由肌肉组织和训练的差异造成的。

在我们接触的运动员中，有一名极具天赋的高中游泳运动员。她平时几乎都是在游泳池和健身房中度过的。她从早上 5 点开始训练，并且在大部分时间里，她每天会接受两次训练。她十分努力和专注，并且积极配合教练的要求。可见，在她的完美表现背后，存在着多么严重的身体透支问题。多年来，我们致力于平衡她身体的前后两侧肌肉，增强她的核心力量，改善她的柔韧性和姿势，特别是下半身的柔韧性，并加强她的呼吸控制能力。这帮助她提高了她在训练时和训练后的身体意识。她的身体发生了巨大变化。与刚开始练习普拉提时相比，她的柔韧性得到了非常大的提升。她的中部胸椎和上部胸椎以及腘绳肌的柔韧性都有了很大提升。她的胸部和肩膀变得更容易打开，并且整个肩胛带的活动范围也增加了。此外，她的整体恢复时间减少，核心力量显著增强，以上这些都帮助她提高了比赛成绩。2017 年，她代表佐治亚大学斗牛犬队参加了美国大学生体育协会（NCAA）一级游泳比赛，并希望继续将普拉提练习纳入她的训练方案。

普拉提对业余运动爱好者的好处

除了职业运动员以外，普拉提还能为业余运动爱好者带来许多明显的好处。事实上，我们在业余运动爱好者身上发现的受伤情况和姿势问题比在职业运动员身上发现的更多。

　　并且，除了职业运动员以外，大多数人都不会把训练或锻炼当作职业生涯的一部分。许多人的工作都是久坐不动的。我们的许多客户每周会花几个小时锻炼身体或做他们喜欢的运动，其余大量时间都在打电话、坐在计算机面前，或者乘汽车、火车、飞机去各地出差和旅行。这是他们肌肉紧张、姿势不佳和身体失衡的主要原因。普拉提几乎是所有训练方案的完美补充。你可以将普拉提当作一种良好的身体调整方式。

　　"通过普拉提训练，我的身体素质、核心力量和柔韧性都得到了很大的提升。这对提高我的整体生活质量有很大的帮助，并且我在打网球、划皮划艇和骑自行车等业余爱好中的表现也得到了提升。将普拉提课程与我的训练计划结合后，我的整体腿部力量、灵活性和膝关节术后恢复能力都得到了提升。"

——职业运动员特里·诺思（Terry North）

普拉提和阻力训练的关系

　　普拉提和阻力训练之间存在着紧密的联系。阻力训练是在保持身体内部稳定的同时对抗外力的过程，它实际上是一种靠神经驱使的运动。人们在负重状态下的运动模式通常是在一定时间内或特定的次数下进行的。普拉提在某种意义上也是如此，它也是使用内部力量在运动的过程中稳定肌肉，但要求动作流畅。二者听起来很相似，但普拉提和阻力训练在人们的中枢神经系统中起着不同的作用。阻力训练可以增强交感神经系统，这是身体对于压力的一种反应。而普拉提可以增强副交感神经系统，从而降低心率、放松心肌组织。结合使用这两种训练方法，可以提高你的身体的平衡能力。将它们同时纳入你的训练方案中，很快你就会发现你的身体能更加轻松地移动，因为中枢神经系统的两个平衡因素都得到了锻炼。但如果你只专注于其中一个因素，那么则可能出现过度训练的情况。

　　要在比赛中取得胜利，运动员们必须充分做好准备。教练会针对性地制定训练方案，运动员需要了解自己的需求，并不断完善自己的技能。你的目标是什么？你是否在逐渐实现目标？你是否需要提升自己的柔韧性和灵活性？你在努力变得更快吗？你是否正处于受伤恢复阶段，需要提高自身的敏捷性和稳定性？无论你的目标是什么，接下来的几章都将为你提供指导，帮助你实现目标。

下一章预览

由于不是每个人都有条件亲临佛罗里达州的 BEYOND MOTION ®进行个人评估，并在此进行训练，所以我们希望教会你应用七大分支和普拉提原则，方便你自主制定训练方案。让我们指导你或你的团队，帮助你取得成功。第 2 章中将包含一项自我评估，你可以根据评估结果，判断自己当前的身体需求。

记住，在制定训练方案时一定要进行全方位考量，这样才能保证方案的有效性。因此，在你学习了每章的内容，并找到适合自己的最佳方法后，你就可以在本书末尾的内容中找到最适合你的方案，并按照它来执行。

2 | 目标设立、初步评估和可视化

许多年轻的运动员一直在为实现自己的远大目标而努力。他们从很小的时候就梦想成为奥林匹克运动员，并且为了实现梦想，甘愿付出各种努力。他们的目标建立在实现梦想的基础之上。他们可能还太年轻，不懂得设立短期目标，但他们清楚自己需要集中精力、努力练习、听从教练的建议，并且也了解要实现目标还需要制定很多详细的步骤。如果他们既有天赋又足够努力，最终就有机会进入科罗拉多斯普林斯奥林匹克训练中心接受训练。

在奥林匹克训练中心，教练们只负责为一个团队提供指导。教练和运动员都有着一个共同的目标：入选奥运代表队并参加奥运会。为了让这些运动员获得参赛资格并做好赛前准备，他们需要充分利用奥运会前的 4 年时间进行训练。不合格的运动员要么被要求离队，要么自行退出训练。只有有足够竞争力的运动员才有机会入选，成为教练们着重训练的对象。20 世纪 90 年代，我在科罗拉多斯普林斯的奥林匹克训练中心工作了 2 年，参与指导美国的举重运动员。

一些人可能会认为，这种竞争激烈的氛围会对美国奥运举重团队不利，但事实恰恰相反，它给予了运动员们竞争和拼搏的动力。这些年轻的举重运动员和教练都在这种氛围下超常发挥，训练方案也愈加完善。如今，美国在奥林匹克举重项目上的成绩比往年更好。

为什么要设立目标

OTC 的举重运动员们都有着清晰的目标。他们付出了极大的努力才得以在此接受训练，他们知道自己需要花多少时间做准备，并且知道来到 OTC 之后需要做什么。受邀来到 OTC 加入奥林匹克举重队的运动员，都有着优异的挺举和抓举成绩。队员们都朝着各自的目标努力训练，为的是突破自我，并优化队伍的表现。奥运会举重总教练德拉戈米尔·索罗斯兰擅长与每位运动员合作，帮助他们设立并实现短期目标。他能够觉察出每位队员的动力来源。

德拉戈米尔分别为每位运动员设定了具体的目标，运动员们也对目标成绩做出了预估。这是职业运动员设定目标的一个很好的例子。然而，教练们几乎无法做到每天两次对运动员进行监督。因此，根据具体的短训练周期来设定目标是很重要的。意思是，运动员需要每隔 6 周设定一个短期目标，这是向长期目标迈进的第一步。对于所有体育项目的运动员来说，拥有长期规划固然重要，但以 6 周为一个小周期的训练方式可以帮助他们在实现最终目标的过程中保持专注和投入。

目标设立

你想要达到什么目标？你的长期目标和短期目标分别是什么？设立短期目标能让你在进步的过程中保持专注、增加成就感。不论你的目标是什么，在实现目标的过程中，动机、专注、坚持和自信心都是必不可少的。你需要有一份针对性的规划，其中包含可衡量的指标和训练方案，以便你知道应该怎样做才能达到目标。设立目标和制定规划是训练过程中至关重要的部分。

"如果你不知道自己要去哪，你将无法迈出脚步。"

——约吉·贝拉（Yogi Berra）

目标能够使你清楚自己的任务，并专注于结果。在运动员设立目标或教练帮助运动员设立目标时，需要确保这些目标符合 SMART 原则，即明确的（Specific）、可衡量的（Measureable）、可实现的（Attainable）、相关的（Relative）、有时间期限的（Time oriented）。

教练技巧

如果你的专职工作是训练运动员，那么你就有责任使运动员们明白，实现目标的过程是一场马拉松，而不是短跑冲刺，短期目标是完成整个过程的关键。

以纵跳为例。先向运动员解释跳得越高，需要施加的力就越大的道理。力的先决条件是力量，因此，纵跳的高度增加就代表运动员变得更强，同时也说明了他们的爆发力有所增长。当运动员看到这一结果时，就会开始意识到短期目标的重要性。向运动员解释这一过程至关重要，教练需要时常重复。请记住：多次重复才能加深理解。

明确的

你的目标应当清晰而明确。

- 你的预期结果是什么？
- 短期目标必须清晰且具体。
- 你需要坚持这些目标，并做好实现它们的准备。

可衡量的

你要如何衡量短期目标和长期目标的实现进度？

- 提前合理规划测试日期。
- 在实现目标后给予自己奖励，这样会使你更有动力。
- 数据对于衡量运动员实现目标的进度至关重要。教练和运动员也会将数据作为衡量成绩的标准。

可实现的

所有目标必须在可实现的前提下具有一定的挑战性。

- 有远大的目标是好事，但切勿好高骛远。同样，太容易实现的目标也无法对你产生激励。只有你才了解自己的极限。
- 你会发现，在设立目标的过程中，许多小步骤能够帮助你顺利实现更大的目标。

相关的

你需要设立与你当前的发展方向相关的目标。设立一个他人迫使你去实现的目标无法对你产生激励。

- 检查你当前的目标实现进度。你的目标是否仍然与你当前的发展方向相关?
- 你是否有动力去实现你的目标?
- 激情是一切的主导,因此运动员必须保持足够的激情和热情,才可能实现目标。

有时间期限的

你在实现目标时需要设定一个截止日期,这样会激发你的积极性。

- 你的训练计划会影响你的训练结果,因此要留有充分的训练时间,但时间不宜太长,以免分散注意力。
- 你要知道自己的起点在哪里。例如,如果你想在比赛中改善你的完成时间,那么你需要知道:你参加最后一场比赛是在什么时候?你是用多长时间完成比赛的?比赛前后你感觉如何?你希望你的新训练计划为你带来怎样的提升?

目标的类型

现在,你已经确立了自己的目标。接下来将讨论对运动员最有帮助的目标类型。人们都知道要设立短期目标、长期目标和终生目标,但你是否了解结果性目标、表现性目标和过程性目标?

教练技巧

为了帮助你的运动员设立合理的目标,你需要使用数据作为参考。因此,你应该将接手新团队开始训练的第一天作为测试日。记录你的运动员的体重、身高、纵跳成绩、折返跑时间,以及 10 码(约 9.14 米)、20 码(约 18.29 米)和 40 码(约 36.58 米)的冲刺时间。这些测试应在相同的条件下重复进行。测试需要花费很多精力,所以你可能会想要省略这一环节。但我们的建议是:即使它复杂且耗时,也有必要去完成。每 6 周进行一次测试,可以让教练、经理和运动员了解情况并掌握目标实现的进度。

结果性目标

结果性目标是指你期望在活动或比赛中获得的具体结果。它也是你努力的方向。例如，比赛中的结果性目标可以描述为"我希望在我的下一场10千米比赛中，把完成时间减少3分钟，它将是我接下来3个月要努力达成的目标。"不论你最终是否以该成绩完成比赛，结果性目标都可以为你建立一种良好的心态。

表现性目标

你的目标是什么？你需要以书面形式衡量你的起点以及跟踪你在实现目标的过程中的表现。人们往往容易忘记自己没有记下来的内容。而且目标一旦实现，人们就很容易忘记实现目标的过程。表现性目标可被视为你有能力控制的目标。你要掌控自己的态度、精力、职业道德，进而掌控自己的整体表现。清晰而简洁的表现性指标能帮助你在实现目标的过程中不偏离正轨。创建能够反映短期目标的指标应是表现性目标与结果性目标的一部分。记住，你的表现性目标体现了你的个人表现，而结果性目标则主要体现了你的成绩或结果。衡量进度的最佳方法是回顾你的起点，并将其与你当前所处的位置进行比较。这比将自己的成绩与他人的成绩比较更有帮助。

过程性目标

过程性目标是指你为了提高成绩和达成结果性目标将要采取的步骤以及你即将进行的训练。例如，你每周举重45分钟，每周训练5天，持续1个月，为的是在3个月内增加5磅（约2.27千克）肌肉质量。

过程性目标之所以有效，是因为你不是在设定你想要实现的具体结果，而是在为你实现长期目标创造条件。制定过程性目标有助于减少长期目标带来的遥不可及感，并且具体步骤更加易于管理。

评估你的目标

在设立目标时，请记住首先列出最大的目标。你的最终方向是什么？你是想在季后赛阶段的训练期间提高耐力，还是想在即将到来的马拉松比赛中缩短时间？接下来，你需要考虑实现目标所需的步骤。你要如何跟踪进度？你将如何对进度做出衡量？你要如何实现目标？你是否找到了可以帮助你改善薄弱环节的专业人士？你每天要做些什么来使自己更接近正在努力实现的目标？

在大多数情况下，一旦你清楚地知道你所期望的结果以及你实现目标所需的指标要求，实现目标的过程就会变得容易许多。记住：最重要的是过程。

有明确的目标固然重要，但认识到（而不是专注于）你在实现目标的过程中可能遇到的障碍也很重要，如计划的变更和受伤等情况。始终专注于你的最终目标可以使你能够应对任何突发状况，并为此制定相应计划。

将你的目标以书面形式记录下来，有助于你专注于想要实现的目标，并对实现该目标所需的时间有理性的认识。你可以将本书第 23 页的目标清单打印多份，以便你在每次制定新目标时使用。

身体评估

现在你已经确立了目标，制定了相应的行动方案，并且可以看到自己的目标实现进度。接下来就是身体评估，你需要根据这一评估结果对训练做出规划。

你可以使用本书第 27 页的表单记录评估结果，诚实地回答每一个问题，并注明进行评估的那天是第一天。每个人都是从起点开始的，因此要尽可能地给出准确的答案。这将有助于你为制定切实可行的计划、实现目标。我们在线下进行定期评估时，通常建议受训者每 30 天登记一次并重新进行身体评估。如果他们遵循训练计划，他们一定能够在 30 天内取得进步。

评估方法

无论你是想减肥还是增重或增肌，体重都可以作为一个评估依据。测量你身体各部位的围度对于你在起始时的整体评估也很重要。

使用软卷尺测量身体围度。两腿分开站立，使身体重量均匀分布在左右两侧。为了获得最准确的结果，你应请他人帮助你进行测量。

测量方法

- 测量胸围时，将软卷尺绕过乳头线，并使其对准肩胛骨。
- 测量肱二头肌时，确保软卷尺位于肘部上方上臂的中心或最粗的位置。
- 测量腰围时，应在略低于最下方的肋骨和肚脐处测量。
- 测量臀围时，应在臀部的最宽处测量，最宽处通常位于臀大肌的中间。
- 两腿分开站立，在大腿的最粗处测量大腿围。
- 在小腿腿肚的最粗处测量小腿围。

目标清单

日期：＿＿＿＿＿＿＿＿＿＿＿

长期目标：＿＿＿＿＿＿＿＿＿＿＿＿＿＿＿＿＿＿＿＿＿＿＿＿＿＿

＿＿＿＿＿＿＿＿＿＿＿＿＿＿＿＿＿＿＿＿＿＿＿＿＿＿＿＿＿＿＿＿

实现该目标的日期：＿＿＿＿＿＿＿＿＿＿＿＿＿＿

该目标的重要性：＿＿＿＿＿＿＿＿＿＿＿＿＿＿＿＿＿＿＿＿＿＿＿

＿＿＿＿＿＿＿＿＿＿＿＿＿＿＿＿＿＿＿＿＿＿＿＿＿＿＿＿＿＿＿＿

＿＿＿＿＿＿＿＿＿＿＿＿＿＿＿＿＿＿＿＿＿＿＿＿＿＿＿＿＿＿＿＿

帮助我实现长期目标的三个短期目标：

　　1.＿＿＿＿＿＿＿＿＿＿＿＿＿＿＿＿＿＿＿＿＿＿＿＿＿＿＿＿

　　2.＿＿＿＿＿＿＿＿＿＿＿＿＿＿＿＿＿＿＿＿＿＿＿＿＿＿＿＿

　　3.＿＿＿＿＿＿＿＿＿＿＿＿＿＿＿＿＿＿＿＿＿＿＿＿＿＿＿＿

实现这些目标的时间范围：＿＿＿＿＿＿＿＿＿＿＿＿＿＿＿＿＿＿＿＿

＿＿＿＿＿＿＿＿＿＿＿＿＿＿＿＿＿＿＿＿＿＿＿＿＿＿＿＿＿＿＿＿

能帮助我实现目标的强项（经验、技巧和资源）：

＿＿＿＿＿＿＿＿＿＿＿＿＿＿＿＿＿＿＿＿＿＿＿＿＿＿＿＿＿＿＿＿

＿＿＿＿＿＿＿＿＿＿＿＿＿＿＿＿＿＿＿＿＿＿＿＿＿＿＿＿＿＿＿＿

＿＿＿＿＿＿＿＿＿＿＿＿＿＿＿＿＿＿＿＿＿＿＿＿＿＿＿＿＿＿＿＿

为了实现目标需要克服的弱项（局限性、需要改进的地方、缺乏的资源）：

＿＿＿＿＿＿＿＿＿＿＿＿＿＿＿＿＿＿＿＿＿＿＿＿＿＿＿＿＿＿＿＿

＿＿＿＿＿＿＿＿＿＿＿＿＿＿＿＿＿＿＿＿＿＿＿＿＿＿＿＿＿＿＿＿

可能阻碍我实现目标的威胁（时间限制、障碍）：

＿＿＿＿＿＿＿＿＿＿＿＿＿＿＿＿＿＿＿＿＿＿＿＿＿＿＿＿＿＿＿＿

＿＿＿＿＿＿＿＿＿＿＿＿＿＿＿＿＿＿＿＿＿＿＿＿＿＿＿＿＿＿＿＿

我所拥有的有助于消除这些阻碍的强项：

＿＿＿＿＿＿＿＿＿＿＿＿＿＿＿＿＿＿＿＿＿＿＿＿＿＿＿＿＿＿＿＿

＿＿＿＿＿＿＿＿＿＿＿＿＿＿＿＿＿＿＿＿＿＿＿＿＿＿＿＿＿＿＿＿

实现短期目标和长期目标后的奖励：

＿＿＿＿＿＿＿＿＿＿＿＿＿＿＿＿＿＿＿＿＿＿＿＿＿＿＿＿＿＿＿＿

＿＿＿＿＿＿＿＿＿＿＿＿＿＿＿＿＿＿＿＿＿＿＿＿＿＿＿＿＿＿＿＿

[源自：A. Lademann and R. Lademann, *Pilates and Conditioning for Athletes: An Integrated Approach to Performance and Recovery* (Champaign, IL: Human Kinetics, 2019).]

体脂率

测量体脂率是很重要的步骤。使用皮褶钳在身体的多个部位进行皮褶厚度测量（见图2.1）。最好让其他人帮你测量，因为自己在使用皮褶钳时，很难找准最佳位置并精确地读取测量数据。每次测量体脂时，尽可能使用相同的皮褶钳，并请同一个人帮你测量。因为每种皮褶钳的刻度不同，所以可能会产生不同的数据。你需要使测量结果具有一致性。

在进行皮褶厚度测量时，通常采取的办法是捏和拉。用适当的捏合力将脂肪组织与周围的组织分开，然后轻轻向外拉扯。

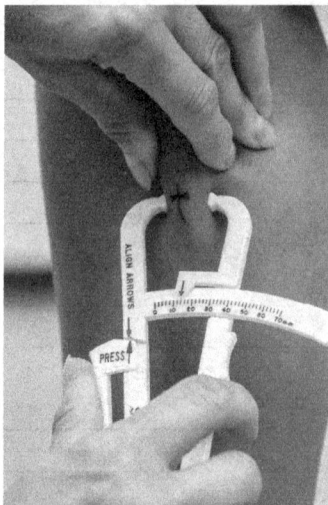

图2.1 皮褶钳

男性体脂测量

- 胸部：取乳头和腋窝之间的中点进行测量。
- 腹部：在肚脐右侧1英寸（2.54厘米）处垂直捏起皮下组织进行测量。
- 大腿：取髋部和膝关节之间的中点，并垂直捏起该处皮下组织进行测量。

女性体脂测量

- 肱三头肌：取肩部上方骨节和肘部之间的中点进行测量。
- 髂嵴：该部位低于最下方肋骨，位于髂骨翼的上缘，在该位置进行测量。
- 大腿：取臀部和膝盖之间的中点进行测量。

皮褶厚度测量法

1. 用拇指和食指捏起皮肤。
2. 将皮褶钳的测量头垂直放置，夹紧，等待2秒。
3. 观察并记录读数。
4. 松开皮褶钳。
5. 1~2秒后，再连续测量2次。
6. 将3次的测量值相加，再除以3得到平均值。
7. 对各个身体部位重复此过程。

如何解读皮褶厚度测量结果

- 一般来说，男性在 80 分及以下较为理想，150 分或以上为超标。
- 女性在 90 分及以下较为理想，150 分或以上为超标。

主要评估

在以下每项测试中，给自己打一个及格或不及格的分数。如果你需要改进某项能力以通过测试，你可以在第 3 章中找到改进的方法。

力量

你可以负担自己的身体重量做 10 次深蹲吗？如果你能重复完成 10 次以上，就说明你能够顺利通过测试。如果无法完成，那么就需要努力达标。记住：你下半身的能力在每项运动中都是必不可少的。

速度

你进行 40 码（约 36.58 米）冲刺可以有多快？如果冲刺时间为 5.2 秒或更快，你就通过了这项测试。冲刺时间超过 5.2 秒则表示你可能缺乏爆发力和力量，需要改进。

爆发力

如果你的纵跳高度可达到 22 英寸（55.88 厘米）及以上，你就通过了这项测试。纵跳高度小于 22 英寸（55.88 厘米）则表明爆发力不足，意味着你缺乏力量。提升力量基础的练习和训练方案将有助于你获得更好的纵跳成绩。

灵活性

胸部灵活性是常被忽视的能力。测试胸部灵活性时，保持侧卧，膝关节在身体前方屈曲，并与髋部垂直。伸展胸部，同时转动躯干，将较高一侧的手臂向后延伸，尽量使你的肩胛骨和手背紧贴地面（见图 2.2）。分别对身体两侧进行测试。如果你在两侧都可以完成这个动作，那么你就通过了这项测试。如果其中一侧无法完成，则表示你应该改善胸部的灵活性。

图 2.2　胸部灵活性测试

稳定性

　　单腿站立，屈曲另一侧的膝关节，将腿抬离地面，直到大腿与地面平行（见图 2.3）。你能立即稳定并保持这个姿势至少 10 秒吗？还是你始终无法保持平衡？如果无法保持平衡，那么原因在哪里？

　　如果你能保持身体稳定而不晃动，你就通过了这项测试。但如果站不稳，就需要加强稳定性训练。

敏捷性

　　我们不推荐使用敏捷梯进行测试，因为敏捷性是一种可培养的能力，它不是靠神经控制的。三角锥折返跑是一个更适当的测试方法，它可以衡量运动员在折返跑时加速和减速的能力。这项测试有时被称为 5-10-5 训练，并且在 NFL 训练营中被广泛使用。连续摆放 3 个锥桶，每 2 个锥桶间相隔 5 码（约 4.57 米）。从中间的锥桶向下一个锥桶冲刺，再折返跑向另一端的锥桶并在经过中间的锥桶时，用手触碰锥桶。从第 3 个锥桶处折返跑过起始时位于中间的锥桶时，结束测试。

　　这项评估可以通过运动员在折返跑时的加速和减速，来检测运动员的脚部控制

图 2.3　稳定性测试

个人评估记录

日期：_____

年龄：_____

体重：_____

静息心率：_____

围度测量

胸围：_____　腰围：_____　臀围：_____

右侧肱二头肌围度：_____　左侧肱二头肌围度：_____

右侧大腿围：_____　左侧大腿围：_____

右侧小腿围：_____　左侧小腿围：_____

体脂率

胸部（男性）：_____

肱三头肌（女性）：_____

腹部（男性）：_____

髂嵴（女性）：_____

大腿：_____

主要评估

力量：_____

速度：_____

爆发力：_____

灵活性：_____

稳定性：_____

敏捷性：_____

柔韧性：_____

[源自：A. Lademann and R. Lademann, *Pilates and Conditioning for Athletes: An Integrated Approach to Performance and Recovery* (Champaign, IL: Human Kinetics, 2019).]

能力以及他们保持冷静的能力。合格的完成时间取决于运动员和运动项目。一般情况下，少于 4.5 秒是最理想的。

柔韧性

评估柔韧性最简单的方法之一是进行仰卧式腘绳肌拉伸测试。使用阻力带或长 8 英尺（约 2.44 米）的瑜伽带进行此测试。开始时先坐于地面，将阻力带缠绕在一只脚的足弓上。仰卧，将腿抬高，理想的角度是与地面成 90 度。如果你能够保持你的骨盆中立，且不需要抬高另一侧髋部或让臀部和骶骨离开地面，那么你就可以通过这项测试。如果你必须屈膝才能达到 90 度角，或者你的臀部离开地面，则算作不合格，你需要努力提高自己的柔韧性。

可视化是设立目标的一部分

确立目标后，下一步就是将目标可视化。不论你的运动项目是什么，要取得成功，变得更健康、更强壮、更快速或更自信，你都需要在脑海中勾画出你的最终目标。

使用你的 5 种感官在脑海中创造出一个详细的预期结果的心理图像。例如，如果你的目标是跑一场马拉松，你就想象自己处于比赛当中。先在脑海中勾勒出起跑线，观察你跑步的环境，注意道路的曲线、空气的味道和感觉，品尝流过嘴唇的汗水，感受你的身体在比赛中轻快地移动，注意在旁边为你加油的观众。你感觉你所有的肌肉都在运动；你的身体是和谐统一的，你在做你一直训练的事情。想象你高举双手，面带灿烂的笑容，跨过终点线。你的跑步成绩达到了个人最佳，你做到了！

在你的脑海中一遍又一遍地重复这个场景，让你的身体在不离开椅子的情况下体验真正的比赛，这与你的身体训练一样重要。把你的大脑当作肌肉一样看待：它和你的身体都需要训练。

如果可视化对于你来说是一个新的概念，那么你要知道它可以适用于任何人，适用于生活中的任何情况。可视化不需要花费很长时间，只需要坚持不懈地去练习。即使每天留出 5 ~ 10 分钟，也能为你带来不小的收获。人们都具备想象的能力，即使你的目标还没有成为现实，但你可以想象你已经达成了正在努力实现的目标。这样，当比赛这一重要时刻来临时，你就已经"完成"过很多次，此时你已经做好了充分的准备。

当把目标可视化时，你可以将实现目标期间遇到的挫折想象出来，以便制定克服它们的计划。这一点的好处在于，当意外情况发生时，你不会感到措手不及。回到跑马拉松的例子。如果比赛当天开始下雨，或者你感到疲倦怎么办？当一些因素影响你的发挥时，就会引发一场意志之战。实现目标更像是一场心理游戏而不是身体游戏。因此，要事先想象出你心中的各种假设，然后制定计划来应对这些不良状况。举个例子，你可以想象在马拉松比赛时突然下雨了，但你对它的反应是将下雨作为动力，跑得更快，跑出雨区。

帕姆（Pam）是我们的客户，她是一位经验丰富的马拉松运动员，在世界各地参加比赛。她在各种天气条件下跑步，受过很多伤。她完成了 2018 年的波士顿马拉松比赛，你或许有所了解，这场比赛当天天气非常寒冷，有风，下着倾盆大雨。她不仅完成了比赛，而且还打破了个人纪录。当我们问她是怎么做到的，她回答说，是她的专注和心态，以及博伊尔斯顿街上欢呼的人群，给予了她继续前进的动力。

下一章预览

现在，你已经完成了目标设立和身体评估，并且已经开始将目标可视化。接下来将要进行次要评估和身体训练。你的姿态如何？它对你的整体表现是否有帮助？你的肺活量有多大？你是否会运用呼吸？你的紧张程度如何？你能否轻松弯腰，同时保持膝关节伸直，并将手掌放在地面上？你的关节是否存在锁死的问题？你的动作是轻松的，还是沉重的？在第 3 章中，你将学习到各种技术，帮助你提高全身的活动度、流动性和柔韧性。你将能够日常运用关节活动和肌筋膜放松等技术，帮助你成为一名动作更加流畅、控制力更强的运动员。

3 | 提升运动表现的
日常练习

要获得最佳运动表现，必须具备以下 3 个条件：身体意识、对运动的理解，以及知道如何评估运动。将身体运动与认知理解联系起来尤为重要。优秀的运动员都不只是为了运动而运动。他们了解运动的过程，并且在身体和精神上都遵循这个过程。

在本章中，你将学习日常能够用到的热身与恢复的技能和方法。这些练习不仅可以提高你的训练能力，更重要的是还能够增强你的恢复能力。这些方法可以在训练前和训练后使用，也可以在你的恢复期使用。

优秀的运动员不仅知道应该如何投入训练，还知道如何进行恢复。他们知道花时间完善细节对于整体表现来说很重要。请记住，影响最大的往往不是大方面的因素，所有细节都可能会影响你的运动表现。

我们的大多数受训者在线下训练时都会遵循热身方案来进行训练。在你开始训练之前，做好热身运动和准备运动是很重要的一步。热身运动包括泡沫轴练习、动态热身练习，以及检查活动范围的关节活动练习。

体态调整：你的姿势有多重要

我们常常听到这样的提醒：站直。然而，站直是什么概念呢？大多数人都知道站直是一个良好的姿势，不论一个人的年龄、体形或身体素质如何，站直都能给人以挺拔健壮的感觉。不管你是否意识到这一点，我们都会通过观察他人的姿势来判断他们的运动能力，以及他们的整体健康状况。

看看你的周围，观察一下有多少人是低头走路的。他们可能正在看手机或者地面。注意他们的头部、肩部和上背部的姿势。他们的步态是否轻盈？他们是否拖着脚走路？他们看起来是强壮、有活力、年轻而健康的，还是疲惫、老态且无精打采的？

现在再来观察一下走路昂首挺胸的人。他们始终目视前方，且身体笔直、步态平稳。他们似乎有一种气场，走起路来充满自信且非常轻盈。不论他们的年龄或体形如何，他们看起来都十分健康、强壮，年轻而有活力。如果不重视这一点，不良姿势不仅会影响你的感觉，还会影响你的运动表现水平以及自身形象。

脊柱由 24 块活动的椎骨和大约 9 块合为一体的椎骨构成（这个数字根据骶骨和尾骨区域融合的椎骨而变化），见图 3.1。脊柱既强壮又灵活，在正常情况下，它能够轻松地向前和向后扭动、旋转和弯曲，并且不会产生疼痛感或紧绷感。在普拉提中，我们经常提到骨盆和下脊柱（统称骨盆 – 腰椎区域），因为该区域是能量轴心（核心）区域，所有的运动都是从这里开始的。

保持正确姿势的好处

- 使骨骼和脊柱正确对齐，从而正确地运用肌肉。
- 减少关节的异常磨损。
- 减轻脊柱韧带的压力。
- 防止脊柱锁死，使其能够自由活动。
- 降低身体的消耗，从而减轻疲劳感。
- 预防背痛和肌肉疼痛。
- 依靠能量轴心的深层核心肌肉（腹部、背部和骨盆底）来支撑正确的姿势；使肩膀放松，使颈部和头部自由活动，缓解髋部、腿部和脚部的压力。
- 使你看起来更年轻、更健康、更修长、更苗条。

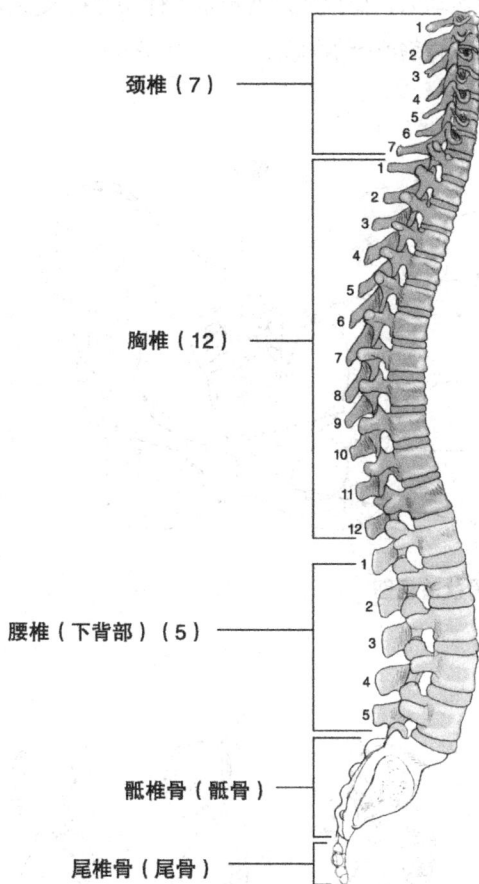

颈椎（7）

胸椎（12）

腰椎（下背部）（5）

骶椎骨（骶骨）

尾椎骨（尾骨）

图 3.1　健康脊柱的侧视图

　　从骨盆底部开始稳定你的脊柱，努力保持正确的姿势。要激活核心肌群，首先应激活盆底肌。得益于人体构造，当腹横肌收缩时，骨盆底的肌肉也会进行收缩。普拉提可以训练我们发展和运用核心力量，而不单是使用表面肌肉进行运动。

　　骨盆是一个碗状结构，它由 3 块骨头组成：坐骨、髂骨和耻骨（见图 3.2）。骶髂关节位于骨盆后部。如果骨盆歪斜，则可能对上半身和下半身的运动产生不利影响，从而导致运动效率低下、肌肉失衡，并对身体其他部位造成压力。此外，骨盆歪斜还会导致脊柱歪斜。因此，首先需要对身体的失衡状况进行检测，然后再做出相应调整。

当你以直立姿势开始运动时，请记住这些提示。保持脊柱长度（轴向伸长）和肩部宽度的协调，有助于你将每个动作做到位（见图 3.3）。

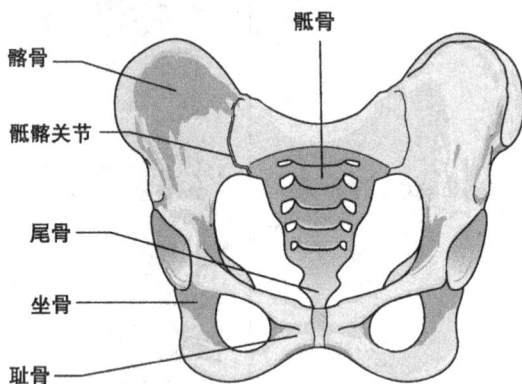

髂骨
骶骨
骶髂关节
尾骨
坐骨
耻骨

图 3.2 骨盆前视图

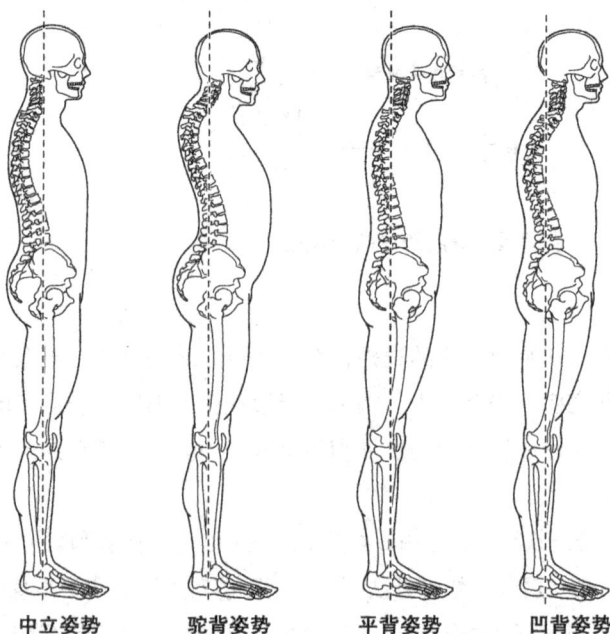

中立姿势   驼背姿势   平背姿势   凹背姿势

图 3.3 理想姿势和常见的不良姿势

检查你的身体姿势

在一个带有全身镜的房间内做以下动作。

1. 在房间内自由走动，放松身体，然后到镜子前侧身站立。

2. 使双脚与髋同宽，将身体重量均匀分布在左脚与右脚的脚趾到脚后跟之间。感觉你的双脚与地面在有力地对抗。

3. 感觉你的尾骨顺着一根延长线一直向下延伸至地面。绷紧腘绳肌，伸直膝关节（且没有锁死或过度伸展），感觉你的腰椎舒展。

4. 你的躯干应略微前倾，感觉它稍向骨盆前方倾斜。这将有助于激活你的腹直肌。

5. 将手臂垂放在身体两侧，感觉你的无名指在向地面延伸，把它想象成你最长的一根手指。在做这个动作时，注意放松肩部，感受肩部从两侧耳朵的位置向下沉。

6. 你应该感觉到你的肩部两端以及整根锁骨，从身体的前部到后部是伸展而均匀的。确保肩胛骨没有相互挤压。

7. 你的眼睛要直视前方，头顶向上延伸。感觉你的后头脊处（头骨与脊柱相交处）与上背部对齐，同时耳垂位于锁骨上方（而不是锁骨前方）。

8. 注意脊柱的长度和胸部的宽度。你应该感觉到全身伸展而稳定，感受脚部、腘绳肌和腹直肌的支撑。

9. 你的呼吸应该更加饱满和轻松，你应该能进行更长久、更充分的呼吸。

呼吸方法

　　呼吸听起来很简单，对吧？我们随时都在呼吸，但你是否想过要怎样进行呼吸？患有哮喘或慢性阻塞性肺疾病（COPD）的人就常常被呼吸问题所困扰。如果你过敏或感冒了，你也可能会存在呼吸困难的症状。

　　有没有人曾经在你感到疲倦或有压力时，告诉你要"深呼吸"？你是否感觉到缓慢而长久的呼吸能使你的身体变得更加放松？呼吸是一切的根本，是人类赖以生存的一项本能。但你是否思考过呼吸与运动之间的关系，或者哪种呼吸方式对你的目标更为有益？

　　呼吸的方式有很多种，包括鼻呼吸、口呼吸、口鼻呼吸、腹式呼吸、膈肌式呼吸等。例如，如果你要冥想和放松，或者需要在水下屏住呼吸，你可以练习瑜伽呼吸。在本章中，你将学习如何运用你的呼吸。正确的呼吸方式不仅可以提高你的大脑意识和身体意识，缓解压力，还能够帮助你增强力量和耐力，提升整体运动表现水平。

腹式呼吸

如果你上过瑜伽课或者进行过冥想，那么你应该了解腹式呼吸的好处。在瑜伽的概念中，腹式呼吸是一种很好的放松方式，它可以"使你的身体充满空气"。然而，在普拉提或者任何需要你保持核心力量和爆发力的运动中，它却不是一种适当的呼吸方式。

在《通过控制回归生活》一书中，约瑟夫·普拉提写道："呼吸是生命的第一步，也是最后一步……最重要的是，学会如何正确地呼吸。"呼吸时，需要运用大量的肌肉来帮助你完成吸气和呼气。膈肌是呼吸中最重要的肌肉。膈肌较大，呈圆顶状，位于肺的底部。你的腹部肌肉能帮助膈肌进行移动，从而使你的肺部更加充分地扩张。当腹部肌肉放松时，膈肌向外移。膈肌式呼吸或腹式呼吸是调节和放松身体的理想方式，但这种呼吸方式不能在运动时创造最大的稳定性。

正确呼吸的好处

- 为血液提供氧气，并从细胞层面滋养身体。
- 平静身心，减轻压力和减少焦虑。
- 消除体内毒素。
- 改善血液循环，保养皮肤。
- 与你的核心（能量轴心）建立更深层的联系。
- 当运动和呼吸模式一致时，动作可以更加流畅。

横向呼吸

横向呼吸，又名肋间呼吸，它强调胸腔的横向扩张，在吸气和呼气的同时要保持腹部深层肌肉一致向内收紧。横向呼吸时，用鼻子吸气，用嘴呼气。呼气时要把嘴张开，就像你在镜面上吐雾要给别人写留言那样。呼气时可发出轻微的声音，下颚放松并且微微张开。在呼气的过程中，嘴唇不要像吹蜡烛一样撅起，这样会对你的颈部和喉咙造成压力。

腹式呼吸和横向呼吸练习

腹式呼吸

1. 仰卧，屈膝，双脚分开与髋同宽，并平放于地面上。
2. 首先，将一只手放在上胸部，另一只手放在肚脐上。注意背部与地面的接触程度。感受你的肩胛骨、肋骨、下背部和臀部。感觉身体重量均匀分布在上背部和下背部以及身体左右两侧。
3. 当你用鼻子吸气时，将空气深深吸入你的腹部。注意腹部的隆起，就像在给气球充气一样。当你用嘴呼气时，就好像你在镜面上吐雾要给别人留言一样，感受空气从你的腹部缓缓释放出来。
4. 在做这个动作时，注意你的下背部是否会抬离地面，形成一个小拱形。这种情况会限制你在运动时的稳定性和控制力。

横向呼吸

1. 采用与腹式呼吸相同的姿势，但将双手放在下肋骨的外侧。再次感受你的身体后部与地面的接触。
2. 用鼻子吸气。当你用嘴呼气时，将肚脐向脊柱方向收缩，想象它与脊柱紧紧贴合。再次吸气时，想象你将空气吸入身体两侧，就像一条鱼在用鳃吸气一样。当你再次用嘴呼气并"向镜面吐雾"时，感觉肋骨收紧，整体向腰部移动。
3. 重复这个练习，这次请注意你的背部与地面的接触。在吸气和呼气的过程中，你应该感觉到二者之间的联系。

当你能够熟练掌握这两种呼吸方式时，你就可以根据需要进行腹式呼吸与横向呼吸的换用。

横向呼吸的主要作用是在做普拉提练习和其他运动时帮助保持腹部收紧。横向呼吸可以有效地保持核心和背部肌肉的稳定，这对于运动表现和身体保护至关重要。在普拉提练习和其他运动的呼气阶段，腹部肌肉收缩，可以进一步帮助膈肌和肋间肌将身体里的空气排出。这并不意味着腹式呼吸是不正确的，而是横向呼吸更适合于普拉提或者其他需要协调呼吸与稳定性的运动形式。这种持续运用腹部肌肉的横向呼吸法，可以让你在吸气和呼气的过程中保持更深的腹部收缩。

它更有益于身体运动和锻炼，同时还能保护背部和脊柱周围的肌肉。练习横向呼吸，吸气时要舒展身体，呼气时要将身体向核心收紧。

在运动时保持横向呼吸一开始可能会比较困难，而你一旦掌握了这种方法，你就会发现你的力量和控制力都有明显提高。在我多年的教学生涯中，该方法曾让无数运动员受益匪浅。无论你的目标是增加卧推重量、增加骑行时间，还是以更快的速度跑完马拉松，学习这项技术都将使你的运动表现水平再上一个台阶。

里克的建议

我指导过的高尔夫球手中有一位是美国职业高尔夫巡回赛（PGA Tour）的选手。这名球手曾与多位体能教练合作过，他希望找到一位不仅了解高尔夫和体能训练，同时还了解他的心态的教练。他明白一名优秀的高尔夫球手必须是全能的。由于他的各项身体素质已经达标，我们只需要从简单的呼吸技巧开始训练。我教会了他如何通过控制呼吸来调节他的神经系统。在做这项练习时，他需要先用鼻子吸气5秒，然后用嘴巴呼气5秒。我要求他在下一轮练习中定期做这项练习，并将结果记录下来。几天后，这名球手来接受下一次训练时向我反馈："仅仅通过呼吸练习，我就减轻了自己在击球时的压力和焦虑，这太神奇了。"他表示，这种方法可以让他在训练时更投入，并保持对击球的专注。这让我感到很开心，因为我看到了这名高尔夫球手的积极性，而且他愿意对他长期以来坚持的事情做出改变。

作为体能教练，我们需要以运动员的视角去观察训练场地和球场。要做到这一点，我们必须切身感受他们的训练环境，因此，这名球手也十分愿意配合。在接下来的一堂训练课上，我们讨论了组织和组织护理的重要性。我向他说明了，在肌肉紧张的状态下不可能打出68杆的成绩。这是一项需要流畅性的运动，特别是骨盆和胸椎区域。他理解了这一点，并且意识到了自己对身体护理的欠缺。

我决定先从这名球手的颈部入手。他的问题要么很快得到解决，要么始终是白费功夫。多年来我们发现，解决问题只有两种方法：正确的方法和错误的方法。我们只服务于那些想要按照正确的方法去做的运动员。如果你决定把时间花在某个人身上，即便是有偿的，你也要确保你们正朝着相同的目标努力，并且需要就如何实现目标达成一致。如果无法达到这一点，那么就不要再继续了，向前看。我们保证你的压力水平将会大大降低。

肌筋膜放松

　　你在做体前屈时，双手是能够轻松地放在地面上，还是仅可够到膝关节的位置？当你两腿伸直坐在地面上时，你能否在挺直躯干的同时，腘绳肌和下背部肌肉不产生紧绷感？你站立于门框内，背靠一侧框柱，双脚摆放在略微靠前的位置，此时你的背部和头部是紧贴框柱的还是向前倾斜的？这些测试可以检测你的肌肉的紧绷程度。

　　通过肌筋膜放松的方法，可以有效缓解疼痛感和紧绷感，使身体获得更大的灵活性。什么是肌筋膜放松？它是一种安全有效的放松方法，可以持续对肌筋膜施加轻微而缓慢的压力。肌筋膜是在皮层下方连接、稳定、包裹以及分离肌肉的结缔组织带。当肌筋膜紧张时，肌肉就无法正常活动，从而会增加受伤的风险。放松肌筋膜有多种方法，例如自主放松法和需要专业人士操作的按摩放松法等。自主放松时可以使用泡沫轴或者其他肌筋膜放松工具。优秀的运动员的肌肉组织通常比较敏感，因此他们容易产生疼痛感和紧张感，肌筋膜放松对于他们而言是非常有效的方法。它可以立即使肌肉组织变得灵活而柔软，帮助运动员更好地准备下一次训练。

　　运动员必须重视肌肉组织的状况。柔软的肌肉组织通常具有良好的流动性，而纤维化和硬化的肌肉组织则缺乏流动性。要成为一名优秀的运动员，健康的肌肉组织是必不可少的。由于大多数运动员都没有专门的按摩治疗师，所以，他们需要学会自主放松肌肉组织。

　　运动员自主放松肌筋膜的方法有泡沫轴滚压、按摩球放松和徒手放松等。你在对疼痛区域进行放松时，会发现有一个引起疼痛的关键点，我们将它称为"损伤触发点（hot spot）"。很多人会忽略它，但这正是你应该引起重视的部位。肌肉组织会对外部压力做出反应，因此你可以对损伤触发点直接施加压力，直至疼痛消退。例如，当你在滚压你的髂胫束时，不要快速滚过最疼痛的部位。这可能很难，但它会有一定的效果。持续的外部压力能够软化组织，并使其产生反应。

　　肌肉越紧张，就越容易引起全身性的疼痛和不适。通常，大多数人在运动训练前后所做的几分钟拉伸运动并不足以充分放松肌肉和防止身体损伤。并且许多人在自己的症状变得严重之前，都没有想过做按摩或者进行身体放松。因此，你需要将泡沫轴练习作为日常运动训练的一部分。

泡沫轴滚压

即使是体格强健无比的运动员，也需要使用泡沫轴来进行辅助练习。如果你还没有在你的日常训练方案中加入泡沫轴滚压练习，那么就从现在开始吧！泡沫轴滚压练习不仅能够增强你的柔韧性和活动度，还能为你带来其他的诸多好处。在使用泡沫轴时，需要注意以下 5 个要点。

- 选用 36 英寸（91.44 厘米）×3 英寸（7.62 厘米）规格的表面光滑的传统泡沫轴。
- 当你找到疼痛点或损伤触发点时，持续按压它，直至该部位变得柔软。在此过程中，要保持均匀呼吸。
- 使用泡沫轴缓慢地在疼痛部位滚压数次，以确保该部位得到充分放松。
- 动作要缓慢。放松练习都是缓慢完成的，不要做快速而突然的动作。
- 肌肉组织的放松程度因人而异。有些人只需要一两分钟，来回滚压 5 次就能得到放松；而有些人则需要花费 5 分钟，在同一部位来回滚压 30 次才能得到放松。

每次运动训练前，都应使用泡沫轴进行热身。下面的内容中将包含正确使用泡沫轴的方法。

神经系统激活

激活神经系统能够唤醒身体，帮助你做好运动准备，还可以有效地缓解头部、颈部和肩部的紧张感。

为什么在滚压时感到疼痛

- 使用泡沫轴滚压软组织会消除肌肉结块。
- 通常，肌肉结块本身并不是疼痛的来源，但当它受到挤压时，会在身体的其他部位发出疼痛信号。
- 屏住呼吸或浅呼吸会使你的肌肉产生抗拒，甚至变得更紧绷。在滚压的同时深呼吸有助于放松肌肉并消除肌肉结块。

扭头练习和点头练习的姿势如下：

1. 将泡沫轴竖放在地面上，仰卧（面部朝上），将头部和尾骨都靠在泡沫
   轴上。
2. 双脚分开与髋同宽，平放于地面上，膝关节和双脚对齐。

泡沫轴扭头

在做其他伸展练习之前，先做这项练习。它非常适合缓解斜方肌、颈部和颅底
部位的压力与紧绷感。

练习方法

1. 确保枕骨（位于颅底）位于泡沫轴的一端。
2. 尽可能地施加压力，同时将头部从一侧转向另一侧，就像在说"不"。动作
   要缓慢。

重复次数

每侧各重复 3 ~ 5 次。

泡沫轴点头

这项练习同样需要在做其他伸展练习之前完成。它也能够有效地缓解斜方肌、颈部和颅底部位的压力与紧绷感。

练习方法

1. 确保枕骨（位于颅底）位于泡沫轴的一端。
2. 前后点头，好像在说"是"。
3. 点头时，尽可能地给枕骨处施加压力。
4. 缓慢地、有意识地移动。

重复次数

前后各重复 3 ~ 5 次。

泡沫轴肩部舒展

生活中的某些姿势除了会给头部和颈部造成压力以外，还可能导致肩部疲劳和疼痛。这项练习是缓解斜方肌、菱形肌和肩胛骨压力的理想方式。这项练习还有助于缓解身体其他部位的压力。

练习方法

1. 仰卧，使头部和尾骨靠在泡沫轴上。
2. 屈膝，双脚平放于垫子上。
3. 手臂向两侧延伸，掌心向上，呼吸时感受拉伸，进行 3 ~ 5 次呼吸循环（a）。

4. 掌心向下，双手放在地面上，使手臂与身体成约45度角（b）。

5. 缓慢地内收肩胛骨。

6. 在做这个动作时，你的髋部与泡沫轴之间会产生轻微的空隙。完成每侧的练习后，回到中间位置。

重复次数

每侧各重复3～5次。

提示

如果你在做这个动作时，感觉某个部位有阻塞感，那么就停留在这个部位，深呼吸数次，直至阻塞感消失。

泡沫轴扩胸

胸部、肩部或上背部的肌肉紧绷往往会使另外两个部位受到牵连。一般来说，如果你的背肌紧绷，那么你的胸肌也无法放松。想要保持正确的呼吸和姿势，并获得良好的运动表现，你的胸部不仅需要强健有力，还要舒展和放松，以避免导致姿态不良和驼背（脊柱后弯）。

练习方法

1. 仰卧，使头部和尾骨靠在泡沫轴上。

2. 屈膝，双脚平放于垫子上。

3. 手臂与地面成 90 度角，并使手腕、肘部和肩部成一条直线（a）。

4. 掌心相对。

5. 吸气时，双臂沿肩线打开，并保持在离地约 5 英寸（12.7 厘米）的高度（b）。

6. 呼气，将双臂收回到起始姿势。

重复次数

重复 5 次。

泡沫轴髋部舒展

髋屈肌和臀肌紧张的人容易感到腰背紧绷或疼痛。稳定骨盆和舒展髋屈肌，可以有效缓解整个下背部的压力。

练习方法

1. 仰卧在泡沫轴上。屈膝，双脚平放于地面上。
2. 双手放在地面上，使手臂与身体成约 45 度角。
3. 吸气时，将一条腿从髋部伸展，然后向前延伸（a 和 b）。呼气时回到起始姿势。

重复次数

每个方向重复 2 次，然后换腿。

泡沫轴低弓步侧向拉伸

这项练习能够伸展肋骨，同时锻炼腰肌、髋屈肌和大腿肌肉。

练习方法

1. 后侧膝关节触地，呈低弓步姿势。
2. 双手在身体前方托住泡沫轴的两端。
3. 两臂伸直，将泡沫轴举过头顶。
4. 吸气时身体向一侧伸展（a 和 b），呼气时回到中间位置。

重复次数

两腿交替，各做 3 ~ 5 次侧伸展。

泡沫轴梨状肌拉伸

梨状肌拉伸是一项必不可少的日常拉伸运动。梨状肌是位于臀肌深处的一块小肌肉，整个臀肌从下背部开始一直连接到大腿骨（股骨）的位置。伸展髋部，放松臀肌和梨状肌，能够提高你的深蹲程度和跑步速度，并有助于改善全身的运动模式。

练习方法

1. 坐在垫子上，将泡沫轴横放在身体前方。
2. 将一侧胫骨放在泡沫轴上，使膝关节和脚踝都位于泡沫轴上方，保持髋部向前。
3. 尽量伸直你的后腿，将大腿前侧放在地面上。或者在你能够做到的情况下，脚掌蹬垫面，使大腿抬离地面，这样可以增加你的拉伸程度。
4. 两手放在泡沫轴上，或者放在泡沫轴前方的地面上。
5. 吸气，身体向前拉伸，然后保持 5 次呼吸的时间。
6. 恢复起始姿势，换另一侧做这个练习。

重复次数

每侧拉伸 3 ～ 5 次即可，不需要重复。

滚动放松练习

滚动泡沫轴进行放松时，动作应该平稳而缓慢，并且幅度要尽可能大。想象你在刷墙时，滚刷的移动是长距离且均匀的，而不是短距离且不连贯的。

泡沫轴背部放松

　　背部放松，又称为背部按摩，它是一项广受欢迎的泡沫轴放松练习。你可以从斜方肌开始，将泡沫轴尽可能地向腰部滚动。

练习方法

1. 将泡沫轴放在垫子上，然后躺在泡沫轴上，使它位于你的肩胛骨下方。你的头部应高于髋部，并且髋部与地面应保持几厘米的距离（a）。
2. 屈膝，双脚平放在垫子上。
3. 用双脚支撑身体前后移动，使泡沫轴从肩部上方滚动到腰部（b）。

重复次数

　　重复这个动作，直到你的背部肌肉感到放松。尽量将来回滚动的次数控制在4 ~ 10 次。

提示

　　双手可以放在脑后，或交叉于胸前，或者向两边伸展。

泡沫轴臀部放松

　　我们大多数人都存在臀部肌肉紧张的问题，这可能会导致许多其他问题和代偿。放松臀肌的方法有很多种，以下练习是拉伸臀大肌、臀小肌和臀中肌的有效方法。

练习方法

1. 首先，坐在泡沫轴上。屈膝，双脚平放于地面上。
2. 将一只手放在地面上，另一只手放在对侧的大腿或膝关节上（a）。从髋部外侧开始慢慢向下滚动泡沫轴（b）。
3. 你也可以从腰部开始向臀肌底部滚动泡沫轴。

重复次数

　　每侧至少缓慢地滚动 5 次。

变式

　　将一只脚的脚踝叠放在另一侧的膝关节上，就像坐在椅子上一样。

泡沫轴腘绳肌拉伸

我们可以将这项练习想象成正在用力把牙膏管内的最后一点牙膏挤出来。在做这项练习时，要更注重拉伸的感觉，同时运用你的呼吸来缓解腘绳肌的压力和紧绷感，而不是滚动的技巧。腘绳肌紧绷很容易影响到臀部、腰部乃至脚部的肌肉。这些情况都可能引起疼痛和紧张感。

练习方法

1. 首先，坐在泡沫轴上，两腿向前伸直。

2. 一条腿弯曲，并将脚平放在垫子上。

3. 扭动身体，使对侧的手向伸直的腿或其脚趾延伸。另一只手放在地面上，以保持稳定（a）。

4. 轻轻地将泡沫轴向下滚，使其超过臀肌的下部，保持这个姿势，同时均匀地呼吸。在几次呼吸循环后，继续沿着腘绳肌向下滚动泡沫轴，保持至少3次呼吸的时间，然后再将泡沫轴向下滚动到膝关节后侧（b）。

重复次数

换另一侧重复这个动作。

提示

在做这个动作时，会有强烈的拉伸感，因此动作要缓慢，同时要确保呼吸顺畅。

泡沫轴小腿拉伸

　　许多人平时会运用传统靠墙的拉伸方法来放松小腿肌肉。在此基础上，泡沫轴小腿拉伸是一项非常重要的辅助练习，因此要广泛运用。在网球和匹克球等运动中，小腿肌肉紧张可能导致跑步时步幅较小，并限制反应时间，还会使横向移动的距离缩短。

练习方法

1. 屈膝，坐在地面上，使泡沫轴位于膝关节下方。将一只脚平放在泡沫轴后方的地面上。另一条腿在泡沫轴上伸直，脚部保持背屈。
2. 将手掌平放在你身后的地面上，以保持平衡和支撑身体。
3. 将身体抬离地面，使泡沫轴从小腿上部（a）滚动到脚踝的位置（b）。
4. 将泡沫轴缓慢地在脚部和腿部进行滚动，使整条小腿得到放松。

重复次数

　　每条腿重复 5 ~ 8 次。

泡沫轴髂胫束放松

髂胫束位于你的大腿外侧，即髋部和膝关节之间的外侧部位，髂胫束紧张可能是引起膝关节问题和腰部问题的原因。髂胫束紧张会影响到周围的肌肉，从而使膝关节产生拉扯感，并导致不良步态和髋部问题的形成。

练习方法

1. 侧躺，使身体成一条直线，将泡沫轴放在髋部和膝盖之间的位置（a）。沿着裤缝的方向滚动泡沫轴。
2. 将双手或前臂放在地面上。
3. 将泡沫轴从腰部向下滚动到膝关节处（b）。
4. 缓慢地滚动泡沫轴，保持滚动的充分和平稳。如果你在做这个动作时，感觉到某个部位有阻塞感，那么就停留在这个部位，深呼吸数次，直至阻塞感消失。

重复次数

换另一侧重复这项练习。

提示

弯曲位于上方的腿，将脚平放在你前方的地面上，这样做可以降低难度。双腿伸直且并拢时，动作难度更大。

泡沫轴股四头肌放松

　　使用泡沫轴放松股四头肌时，要从你的髋屈肌开始，一直向下滚动到膝关节的位置。两侧分开交替做的效果最好。股四头肌由多块肌肉协同工作，因此当泡沫轴同时在两条大腿上滚动时，可能会有部分肌肉无法完全放松。而两侧交替做这项练习，可以将泡沫轴全方位地滚动到每一块肌肉，从而充分放松包括髋屈肌在内的整个肌群。

练习方法

1. 用双手和膝关节支撑身体，并将泡沫轴水平放置在你的身体下方。
2. 将手掌放在肩部下方的垫子上，压低身体，使大腿靠在泡沫轴上。
3. 另一条腿向外移，使膝关节朝肘部方向弯曲（a）。
4. 双手放在地面上作为支撑，辅助大腿将泡沫轴从髋屈肌滚动到膝关节上方（b）。不要将泡沫轴滚过膝关节。

重复次数

缓慢地滚动泡沫轴，直到你感觉筋膜开始放松，或者至少滚动 4 ~ 10 次。

提示

- 如果手掌和手腕上的压力过大，请将前臂放在地面上进行支撑。
- 在做这个动作时，可以轻微地左右转动腿部，以充分放松整个股四头肌。
- 滚动要充分而均匀。

现在你已经完成了热身，接下来要开始进行泡沫轴训练。不论你是入门运动员还是资深运动员，以下练习都可能具有一定的挑战性。每一个动作都需要运用到普拉提的原则：呼吸、居中、专注、协调、流畅和精准。你需要把呼吸和运动联系起来，这样才能在运动中找到平衡和稳定。

脊柱练习

以下练习都是从仰卧位开始的，这些练习可以强化脊柱关节、增强背部柔韧性。躺在泡沫轴上做这些练习的另一个好处是能够舒展你的胸肌和三角肌前束。

泡沫轴桥式

这项练习可以激活脊柱。同时，节段性运动能够增加活动度。

练习方法

1. 仰卧，使头部和尾骨靠在泡沫轴上。
2. 屈膝，双脚分开与髋同宽，并平放于垫子上。
3. 双手放在地面上，使手臂与身体成约 45 度角。
4. 吸气时，将耻骨稍微上抬，使下腹部肌肉略微收缩（a）。
5. 呼气时，抬高骨盆，将脊柱一节一节地从泡沫轴上抬起，一直到肩胛骨的上部（b）。

重复次数

重复 4 次。

提示

耻骨应该高于胸腔，这样才能保持骨盆倾斜。

泡沫轴卷腹

这项练习可以加强核心，改善身体曲度，并激活盆底肌。

练习方法

1. 仰卧，使头部和尾骨靠在泡沫轴上。

2. 屈膝，双脚分开与髋同宽，并平放于地面上。

3. 手臂向上举起 90 度，掌心朝前，拇指与腋窝对齐（a）。

4. 使肚脐向脊柱收紧，尾骨向前延伸，使腰椎伸展，腹肌向内收缩。保持肋骨和脊柱后部贴在泡沫轴上。

5. 下巴轻轻贴近胸口，使眼睛能够平视膝关节。吸气时准备，呼气时将上半身向上抬起，直到肩胛骨底部抬离泡沫轴（b）。

重复次数

重复 10 次。

提示

你的手臂和身体应以相同的速度移动，最终与距离地面约 3 英寸（7.62 厘米）的髋部同高。

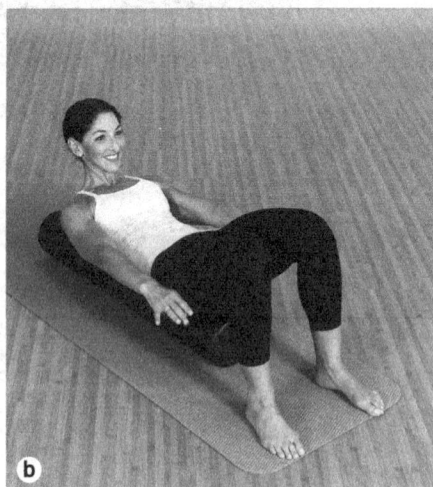

核心稳定性和控制练习

我们所说的核心肌群，不仅仅是指你的腹直肌（6 块腹肌），而是指整个能量轴心区域。在泡沫轴上做以下练习，不仅能锻炼目标区域，还能够稳定骨盆，激活整个能量轴心区域。

泡沫轴脚尖点地

这项练习能锻炼腹横肌、腹斜肌和髋屈肌，同时可以强化呼吸控制能力。

练习方法

1. 仰卧，面部朝上，屈膝，双脚分开与髋同宽，并平放在垫子上。双手放在身体两侧的地面上，使手臂与身体成约 45 度角。

2. 下巴微收，目视前方。

3. 呼气，收紧核心，腹肌向内收缩。吸气时准备，呼气时将双脚依次抬离地面，形成"桌面"姿势（a）。

4. 吸气，将一条腿从髋部下放，脚尖向下（b）。

5. 呼气，回到起始姿势。

重复次数

一侧重复 4 次，然后吸气，换另一侧进行重复练习。

泡沫轴举腿

这项练习能锻炼腹横肌、腹斜肌和髋屈肌，拉伸腘绳肌和小腿肌肉。它还能强化呼吸控制能力。

练习方法

1. 仰卧，屈膝，双脚分开与髋同宽，并平放在地面上。双手放在身体两侧的地面上，使手臂与身体成约 45 度角。

2. 下巴微收，目视前方。

3. 呼气，收紧核心，腹肌向内收缩。吸气时准备，呼气时将双脚依次抬离地面，保持"桌面"姿势。伸直双腿（与地面成 90 度角），同时保持骶骨和尾骨靠在泡沫轴上（a）。

4. 吸气，保持腿部伸直，背部与泡沫轴始终保持接触，将双腿下放至你可以达到的使双腿悬空的最低点，此时核心肌肉用力，颈部伸直，目视前方（b）。

5. 呼气，双腿回到起始姿势。

重复次数

重复 6 ~ 10 次。

俯卧练习

俯卧的姿势可以拉伸并加强你的身体后链（即身体后部，包括腘绳肌、臀肌和背肌）。当你处于俯卧位或跪姿时，要注意保持肚脐向脊柱方向收缩，同时要保持腰椎的伸展。许多人都有不同程度的脊柱后凸，这表示他们的上脊柱过度弯曲，有肩膀前扣的现象。从俯卧位开始进行的各种练习可以矫正这种错误姿势，提升身体的力量和柔韧性。

泡沫轴肩背肌拉伸

这项练习可以伸展胸椎上段和胸部，并能放松肩膀。

练习方法

1. 俯卧，双腿向后伸直，同时双臂在靠近耳朵的位置向前伸展。
2. 使泡沫轴位于手腕下方。掌心相对，手指伸直。手臂在整个动作中保持笔直。
3. 骨盆向地面倾斜，将肚脐向脊柱方向收紧，然后将肩胛骨下降并内收，以使肩部收缩（a）。
4. 吸气，当泡沫轴向前滚动时，朝耳朵方向耸肩（b）。
5. 呼气，肩部下沉并外展，同时保持肘部伸直。

重复次数

重复5~8次。

变式

你也可以使用单手完成这个动作。

1. 将一只手平放在身体一侧的地面上，同时将另一只手的手腕放在泡沫轴上，重复上述动作。
2. 当泡沫轴回到起始位置时，呼气，你的身体保持静止，然后吸气，将泡沫轴向前滚动。

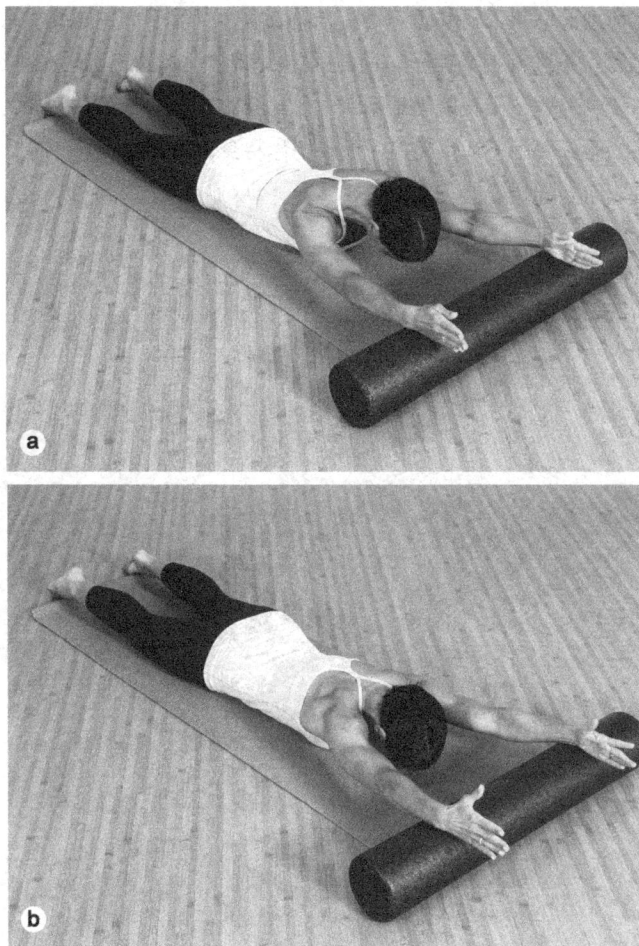

泡沫轴天鹅式

在从俯卧位开始伸展的过程中，你会感觉到腹部有拉伸感，并且肩部打开，中背部也会有伸展的感觉。

练习方法

1. 俯卧，双腿向后伸直，同时双臂在靠近耳朵的位置向前伸展。
2. 使泡沫轴位于手腕下方。掌心相对，手指伸直。手臂在整个动作中保持笔直。

3. 骨盆向地面倾斜，将肚脐向脊柱方向收紧，肩部下沉并外展（a）。

4. 吸气时，将胸部抬离垫子，同时保持头部和颈部的正确对齐（b）。在不影响姿势的前提下尽可能地抬高身体。通常，肋骨中部的感觉较为明显。如果你感到腰部周围不适或疼痛，则说明你将身体抬得过高。

5. 呼气，回到起始姿势。

重复次数

重复 3 ~ 5 次。

泡沫轴平板支撑和俯卧撑

平板支撑不仅是加强和稳定肩胛带的理想方式，它也是一项很好的核心练习。由于泡沫轴具有不稳定性，在泡沫轴上做平板支撑是一种全新的练习方式。

它可以锻炼胸部、核心、上背部、手臂和肩膀。

练习方法

1. 双手分开与肩同宽，五指压在泡沫轴上。
2. 双腿完全伸直，并抬起脚跟（a）。
3. 保持这个平板支撑姿势，进行 5～10 次呼吸循环。如果你在继续进行俯卧撑之前需要休息，可以将膝关节放在垫子上进行支撑。如果你能继续做下一步动作，中途则不要间断。
4. 做俯卧撑时，吸气，使身体朝与胸部对齐的泡沫轴方向下移（b）。

变式

- 调整姿势，将膝关节放在垫子上，在平板支撑和俯卧撑期间保持膝关节到肩部成一条直线。
- 如果要增加难度，可以将双脚放在泡沫轴上，双手则放在垫子上。在做平板支撑或俯卧撑时，保持泡沫轴稳定不动。

侧屈练习

侧屈不仅可以舒展肋间肌，还能够根据你的姿势舒展腰肌，并增强腰肌的感知能力。在整个练习中要保持正确的姿势，以免扭伤脊柱。

泡沫轴美人鱼式

这项练习可以舒展背阔肌，拉伸髋部肌肉，锻炼腹斜肌，并伸展脊柱、增强呼吸控制能力。

练习方法

1. 以 Z 字形坐姿开始，将两条小腿分别摆放在身体前方和后方，使双腿呈 Z 字形。使身体重量均匀分布在两块坐骨上（a）。如果这个姿势让你感到不适，请将双腿交叉或伸直。
2. 使前臂伸直超过泡沫轴，同时手指伸直，掌心朝前。应从距离髋部 10 英寸（25.4 厘米）的位置开始滚动泡沫轴，当下侧的手臂伸直时，泡沫轴应远离你的身体。
3. 吸气时侧屈（b）。呼气时回到起始姿势。

重复次数

每侧重复 3 次。

提示

在整个练习过程中，身体应该保持在同一平面上。

活动你的关节

很多时候，身体会因为从前或现在的伤病，而处于一种代偿状态。关节练习可以增加你的活动度，并增强你的运动能力。例如，当你移动时，你是最先用脚接触地面的。而在运动开始前，你会花多少时间来活动你的脚和脚踝？大多数人可能不常这么做。使身体提前做好准备的热身运动可以提升运动表现水平，降低受伤的风险。

关节活动练习

关节活动练习能够消除代偿性因素，同时增加关节活动度。本节中包含有效的赛前或预备训练方案，如果遵循该方案进行练习，你将能够获得更佳的灵活性和更好的运动表现。

本节中的一部分练习会使你感受到明显的变化，但另一部分练习则可能对你来说效果甚微。这些练习的目的是使你的身体受益，因此你可以从中选择一些对你有效果的练习进行训练。

开始姿势

开始关节活动练习前，先赤脚站立。十指交叉，用两根食指形成一个箭头，在肩部高度指向你的正前方。脊柱向右旋转，并标记手指指向的位置。它可能是墙上的某个地方、某张照片，或是任何你能够轻松记住的明显的东西。标记出右侧的点后，在左侧重复相同的动作，并标记在该侧旋转后手指指向的位置。你将从踝关节开始练习，这是一个经常被忽视的关节。

踝关节

在每个练习中保持每个姿势 15 ~ 20 秒。踝关节属于铰链关节，它能够使脚部背屈和跖屈。在多项训练方案中，踝关节经常被忽视。它是人们接触地面的重要关节之一，因此需要花时间对它进行锻炼。

脚尖上跷

这项练习可以锻炼踝关节，并确保它能够正确运动。

练习方法

1. 右脚后退一小步，略微屈膝。
2. 用右脚的大脚趾用力按压地面。此时，你应该感觉右脚底部有拉伸感，拉伸感的强烈程度取决于你的活动水平。

3. 大脚趾压住地面后，将你的脚向内旋，对大
   脚趾内侧施加压力。
4. 将脚向外旋，使所有的脚趾都用力按压地
   面，重点放在最外侧的两根脚趾上。

重复次数

换另一只脚重复这个动作。每个步骤保持 3 ~ 5
次呼吸循环的时间。

提示

如果你感到脚底不适，那么就减轻大脚趾的压
力，保持使你感到舒适的拉伸感。

脚尖下压

在做这项练习时，脚尖朝下，而不是脚掌朝下。

练习方法

1. 右脚后退一小步，把脚尖和脚趾放在地面
   上。用脚趾按压地面。
2. 内旋踝关节，使大脚趾侧承受更大的压力；
   用力按压地面。
3. 外旋踝关节，并用力按压地面。

重复次数

换另一只脚重复这个动作。每个步骤保持 3 ~ 5
次呼吸循环的时间，大约 20 秒。

提示

在做完这两项练习之后，使用以下方法来测试你的关节活动度和灵活性是否有所改善。

1. 双脚并拢，双手和双脚互相交叉，指向前方。
2. 身体向右旋转，并将你最大限度的旋转位置与先前所标记的位置进行比较，以确定你的改善程度。
3. 换左侧重复这个动作，并将结果与初始标记进行比较。

膝关节

膝关节环绕运动是膝关节和踝关节热身的有效方法。这两处关节的协调可以使动作更加流畅。

膝关节环绕

你在上体育课时应该做过膝关节环绕运动。这是一个简单的膝关节和踝关节的旋转动作，这个动作可能看起来有些滑稽，但它有助于充分活动你的关节。

练习方法

1. 双脚并拢站立，略微屈膝，呈四分之一蹲姿。
2. 将双手放在膝关节上，确保膝关节与脚趾对齐。

重复次数

使膝关节顺时针旋转 10 圈，然后再逆时针旋转 10 圈。

提示

顺、逆时针方向各旋转 10 圈后，站起来，使用前文中给出的方法测试你的关节活动度和灵活性。

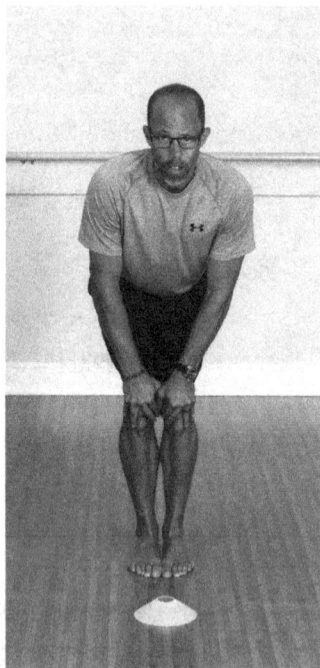

髋关节

髋关节属于杵臼关节，可在骨盆处产生运动。髋关节带动膝关节，膝关节再带动踝关节，这就是关节之间传递能量从而产生运动的过程。我们建议每名受训者在进入下一项关节练习之前，先进行初始测试，以加深对关节运动顺序的理解。

髋关节环绕

髋关节环绕是一个基础的动作，你在做这个动作时会感到舒适。

练习方法

1. 双脚并拢站立，双手叉腰。略微屈膝以加大活动度。
2. 顺时针缓慢地旋转髋部，在身体允许的范围内最大限度地向前和向后弯曲。然后再逆时针旋转。

重复次数

顺、逆时针方向各旋转 10 圈。

提示

动作幅度尽量要大，感受骨盆、腰部和髋屈肌的伸展。

髋关节屈伸

髋关节屈伸可以带动脊柱运动。通常，不同的动作会给予你不同的感觉，因此你可以选择你感觉较好的动作进行重复练习。

练习方法

1. 双脚分开与髋同宽，双手叉腰，向前俯身，感觉后链肌群被拉伸（a）。
2. 到达最低点后，缓慢地将身体抬起，然后最大限度地向后伸展（b）。

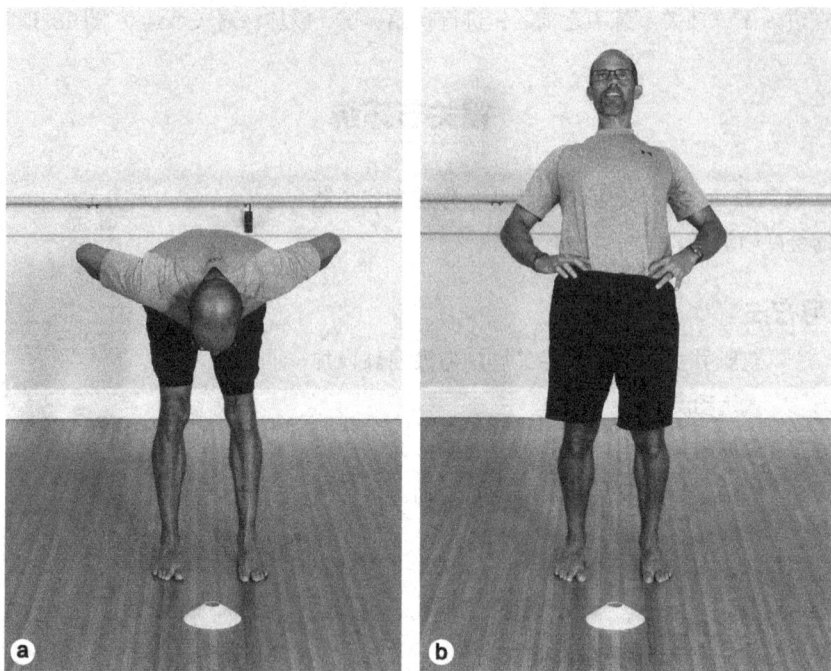

重复次数

前后重复 10 次。每次重复时，试着与上一次最大限度的屈伸进行比较，以确保你完全达到了自己的活动极限。

重新测试

现在你已经完成了踝关节、膝关节和髋关节的练习，我们建议你重新进行测试，以评估这 3 处关节的改善程度。

如何评估灵活性

双臂向前伸直，身体左右旋转。将你现在的旋转程度与初始旋转程度进行比较。如果有所改善，则说明以上练习是有效的。也就表示，你应该在关节活动训练中保留这些练习。如果没有任何改善，你就可以从日常练习中省略这些练习，并继续下一项练习：颈部练习。

————————

颈部

在进行练习之前，你的颈椎及颈椎周围的组织需要进行预热。

颈部侧屈

这项练习可以锻炼斜方肌和斜角肌。

练习方法

首先端正头部，然后将头部从一侧向另一侧倾斜，使耳朵垂向该侧的肩部，然后换另一侧做这个动作。

重复次数

每侧重复 3 次，每次至少保持 1 ~ 2 次完整的呼吸循环的时间。

下巴前伸和内收

这个练习看起来有些奇怪，如果专心练习，它能使你做出一些你意想不到的其他的动作。

练习方法

1. 将两根手指放在下巴上，将下巴和颈部尽可能地向后推（a）。

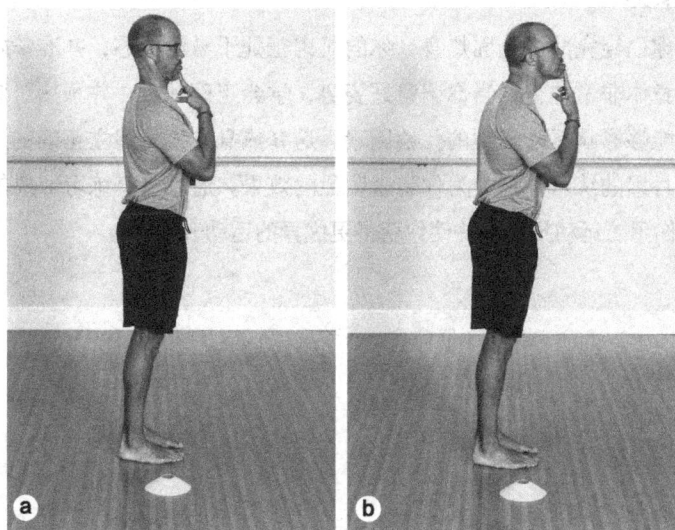

2. 将下巴笔直地向内收，而不是向下靠近胸部。

3. 想象有一根绳子从你的下巴穿过后脑勺，现在沿着绳子前后移动头部。

4. 尽量将脖子向前伸，确保下巴沿直线移动，而不是向上伸（b）。尽可能地将这个动作做到极致。

重复次数

重复 6 次。

提示

重新再做一次测试，以评估颈部练习是否改善了你的活动能力。如果有所改善，则说明该练习有效，你应该在关节活动训练中保留这些练习。如果你的活动能力没有改善或效果不明显，你就可以从日常练习中省略该练习。

———————————————

记录哪些练习有效的简单方法是边做边记。在完成了一系列的关节练习后，你应该感觉自己的身体更加灵活，关节活动范围也更大。你可以在做任何运动之前先进行这部分的练习，以确保身体不会出现代偿，并充分做好运动准备。大多数旋转型体育运动的运动员（例如高尔夫球运动员、网球运动员、匹克球运动员、棒球运动员和垒球运动员等）在做完整套关节活动练习之后，都会发现他们的整体灵活性有了很大的提升。

下一章预览

现在你已经完成了全面热身，你的肌肉正处于激活状态，并准备好进行训练了。人的身体非常神奇，当你调整好姿势，学会正确呼吸，并预热肌肉之后，你就减少了能够影响运动表现的代偿因素。这套热身方案将建立正确的运动模式，经过日积月累的练习，它会为你带来明显的效果。通过这套练习形成的运动习惯能够帮助你预防运动损伤，并使你获得更优异的运动表现。

4 | 准备活动：
动态热身

仅包含短时间慢跑和静态拉伸的 5 分钟热身早已被淘汰。现在我们知道，要获得良好的运动表现，首先需要使身体系统做好充分的准备。我们采用了多种热身方法帮助运动员做好训练前的准备。如果要正确地做完一套能够充分唤醒神经系统、激活肌肉组织并提高核心体温的热身练习，可能需要 15 ~ 20 分钟。本章中包含的基础动态热身练习可作为全面热身的示例。热身的时间长短取决于运动员的年龄及伤病状况。例如，运动员 A 患有膝关节炎，因此他可能需要花 30 分钟充分活动膝关节后，再进行下蹲运动。要制定有效的训练方案，你必须了解整个过程并考虑身体的限制状况。相关资料表明，有效的热身可以使软组织损伤减少 40%。因此，我们教导运动员要将适合自己的热身练习运用到训练场或赛场上。你可以把热身当作是一种能够唤醒心血管、神经肌肉和肌肉系统的综合性方法。热身结束后，你应该有一点"全身沸腾"的感觉（有些出汗），并且你的心率应该上升至准备状态。

我们将动态热身称为动态训练，它包含一系列放松型跳跃练习和节奏型动态拉伸。热身的时间并不固定。敏锐的运动员能够感觉出他们的身体是否已经做好训练准备。本章将给出一套规划好的从基础模式开始的热身训练方案。

动态热身中的跳跃运动

为什么要做跳跃运动，而不是骑自行车、慢跑或游泳呢？跳跃运动能够刺激神经系统，增强运动员对地面的反应度和弹性，从而有助于他们成为更优秀的运动员。跳跃运动是由大脑控制双脚的运动。而大脑和双脚之间是什么呢？是整个身体。因此，如果一名运动员能够成功控制自己身体两端的神经系统，那么他就能够控制整个身体的神经系统。跳跃运动不仅能够使人们以目标方式控制神经系统，还能够让身体暖和起来，为其他类似的热身活动做好准备。它最大的好处在于，不仅能够使身体做好准备，还能够使神经系统做好准备。

先是整体基础练习，然后是特定练习。例如，棒球运动员在热身时，先进行跳跃运动，然后再模拟他们将在比赛期间面临的特定压力因素做针对性的运动。我们指导的职业球员会在热身后进行 50 码（45.72 米）跑步练习，由慢跑逐渐过渡到 80% ~ 90% 的全速跑。在这个过程中，我们要求运动员尽量去体会双脚接触地面的节奏感，这样他们就能够感受到各个不同的加速阶段。我常常用汽车变速来举例。以 1 挡开始发动，慢慢升到 6 挡。随着跑步时间的增加，脚对地面的反应也越来越强。运动员感受这种变速过程，有助于使他们的身心都做好训练准备。我建议运动员做 5 ~ 8 次跑步练习。当然，由于我们举例的对象是棒球运动员，所以受训者需要以棒球姿势开始，就像他们取得了领先一样。横向传球是棒球特有的开始动作，所以棒球运动员在热身时要注意这一点。

以下的整套动态热身练习将为身体运动和横向传球等特定因素做准备。动态训练当中的每项练习都需要在两个相反方向各进行 10 码（约 9.14 米）的移动。如果你没有特定的工具来精确测量 10 码（约 9.14 米）的距离，那么就向前迈 10 大步，在第 10 步的终点处做记号，该距离大约等于 10 码（约 9.14 米）。

放松型跳跃练习

在做以下跳跃练习时，请保持上半身放松。

蝶式垫步跳

蝶式垫步跳是动态训练当中的第一项跳跃练习，它的目的是使你在运动的同时，感受双脚与地面的接触。

练习方法

1. 从轻快的向前垫步跳开始（先抬起一条腿向前跳跃，然后换另一条腿），同时两只手臂有规律地摆动（a）。
2. 当你摆动手臂时，想象你在用双手去够对侧的肩部（b）。

双手并举垫步跳

这项练习的节奏与蝶式垫步跳的节奏相同，但在这项练习中，手臂是上下摆动的，而不是前后摆动的。

练习方法

1. 同时抬起双臂和一条腿。
2. 想象你在抬起手臂时，肱二头肌擦过耳边（a）；放下手臂时，双手到达身体后方（b）。

前后交叉垫步跳

　　最后一项放松型跳跃练习加入了一些神经系统分离的训练。我们将上半身和下半身、左侧和右侧的动作模式分开。就像你走路一样，每向前迈一步，你的另一侧手臂就会进行相应的摆动。从本质上讲，这是左脑与右脑之间的协调，但当使用这类动作模式时，需要在自然的动作模式之上进行更大幅度的延伸。

练习方法

1. 上下摆动你的手臂，就像做双手并举垫步跳练习一样。
2. 抬起对侧的手臂和腿，在右腿抬起时摆动左臂，在左腿抬起时摆动右臂。

节奏型跳跃练习

　　要找到以下跳跃练习的节奏，请先在每次跳跃之前小跳几次，以便你能在进行手臂动作之前先感受与地面接触的模式。这些跳跃练习与前面的练习相同，但开合跳和其他节奏型跳跃练习的重点在于其节奏或者律动，而不仅仅是放松型热身跳跃。

垫步开合跳

在这项跳跃练习中，要注意你在跳跃时的节奏感。

练习方法

1. 将一侧膝关节抬至胸前，同时双手在膝关节下方轻拍（a）。

2. 放下该侧膝关节时，手臂向两侧摆动，就像传统的开合跳一样（b）。

3. 该侧脚着地的同时，将另一只脚抬起，并重复相同的变式开合跳动作，在抬高的膝关节下方拍手（c）。

外展髋向前垫步跳

在做这项跳跃练习时，将你的膝关节外展，使髋部非直线地屈曲。

练习方法

1. 向前垫步跳，将一侧膝关节抬起，使之与身体成 45 度角，然后脚着地。

2. 像跑步或慢跑一样左右摆动你的手臂，使上半身保持放松（a、b 和 c）。

高抬腿展髋——向后垫步跳

这项练习与外展髋向前垫步跳类似，但它是向后转体进行跳跃的。

练习方法

1. 在做该动作时，先将一侧膝关节抬起（a），使髋部外旋，即髋部外展（b
   和 c），尽量将动作幅度加大，以确保身体达到最佳灵活度。

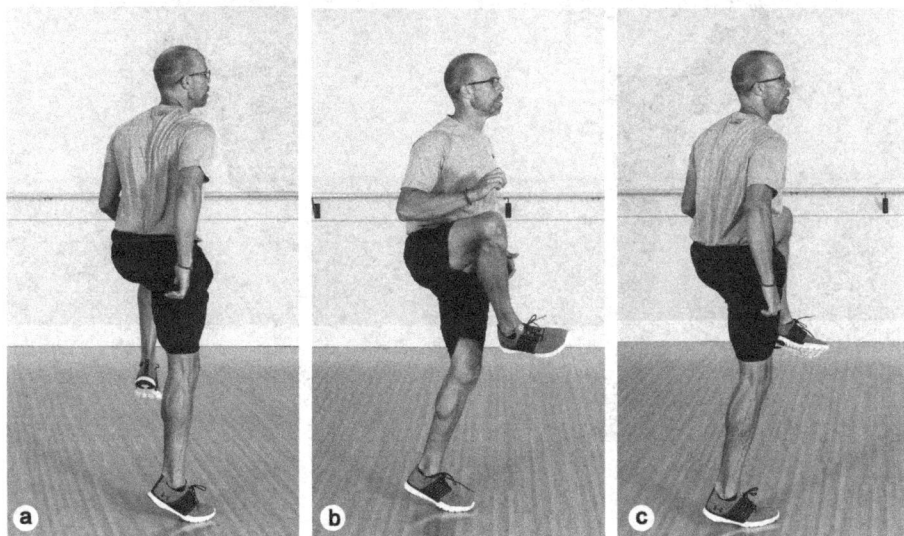

2. 像跑步或慢跑一样左右摆动手臂，与双腿的动作协调。

侧向垫步跳

这可能是动态训练中最难的一项练习，但一旦你掌握了正确的节奏，它就会变得相对简单。

练习方法

1. 转向侧面，以便进行横向移动。原地踏步，并摆动你的手臂。

2. 在掌握适当的节奏后，身体向一侧移动，同时带动双脚左右踏步（a 和 b）。

3. 侧向垫步跳的诀窍是，想象你的双腿之间有一根棍子，它使你的双腿保持一定的距离。这样有助于你避免双腿交叉。要向左走，左脚蹬地。要向右走，右脚蹬地。左右脚在两侧落地后，要从地面弹起。

转体侧向垫步跳

这项练习在与侧向垫步跳相同的节奏基础上，增加了转体交叉动作。

练习方法

1. 在做侧向垫步跳的同时，通过向上和向前旋转后侧的髋部，使两条腿前后交叉（a 和 b）。

2. 只向前转动后腿，不要将前腿向后转动。向右侧移动时，左腿在前交叉，然后回到中间位置；向左侧移动时，右腿在前交叉，然后回到中间位置。

教练技巧

我们无法充分地表达一名运动员理解运动的重要性，但要使运动员对运动产生更好的理解，首先要从跳跃运动开始。跳跃运动不仅能够教会运动员如何正确地进行热身，还可以使他们了解如何正确地运动。

节奏型跳跃运动是一种弹性练习，它可以增加运动员对于地面的反应度。这对提高速度非常重要，而速度在所有运动中都是必不可少的。要达到全速，最关键的是脚与地面的接触时间要极短。也就是说，运动员的脚必须反应迅速，要能够迅速地从地面上弹起。动态跳跃系列着重训练的就是运动员对地面的反应度。跳跃运动能够开发敏捷性分支的第一个因素，即：建立与地面产生有效反应的简单运动模式。

动态拉伸

动态拉伸的目的并不是增加柔韧性（像一些在锻炼结束时进行的拉伸），相反，动态拉伸是一种激活性拉伸，为的是使肌肉达到准备状态。

当进行需要保持姿势的拉伸时，保持 2 ~ 3 秒，然后移动 3 步，再换另一条腿重复拉伸动作。每条腿重复 2 组，每组 20 次。

走姿腘绳肌拉伸

受训者需要向前移动，限制拉伸的持续时间，以将此拉伸动作与静态拉伸动作区别开来。

练习方法

1. 伸直前侧的腿，脚趾向上，脚跟着地。
2. 稍微弯曲后腿，让身体更大程度地拉伸。
3. 用手握住膝关节后部、小腿或脚趾。你也可以交叉双臂，将肘部向下延伸。
4. 有控制地起身，向前走两步，换另一条腿做这个动作，双腿反复向前移动 10 码（约 9.14 米）。

踢 臀 跑

　　这项练习的重点是把脚跟抬到臀大肌的位置，而不是将膝关节抬到胸部。它可以打开你的髋部，并拉伸股四头肌。

练习方法

1. 将双手放在髋部，同时向前跑。将双手保持在你的髋部，以确保身体略微向前倾斜，模仿正确的跑步姿势。
2. 向前跑时，用脚跟踢你的臀部，然后脚趾轻轻着地。
3. 尽可能快地将脚跟抬起，向前跑 10 码（约 9.14 米），然后往回跑，步数越多越好。

走姿股四头肌拉伸

　　这项练习通过向后侧牵拉脚跟，从而拉伸股四头肌。

练习方法

1. 将一条腿向后侧抬起，单脚站立，保持平衡。
2. 用同侧手抓住抬起的脚或脚踝，将脚向后侧牵拉，直到大腿前侧有拉伸感。
3. 身体略微前倾，以进一步伸展和激活你的髋屈肌。注意不要前倾太多，否则可能会导致你失去平衡，影响拉伸效果。
4. 走 3 步，换另一条腿做这个动作。总共向前移动 10 码（约 9.14 米），或者做 10 次拉伸。

高抬腿跑

这项练习类似于踢臀跑，重点是速度，且步数越多越好。

练习方法

1. 跑步时，将膝关节抬高至胸部。
2. 把你的腿想象成上下快速移动的活塞，而不是像传统的跑步一样向上或向外伸展。
3. 平稳有力地摆动双臂，以保持节奏。这个动作与冲刺类似。

腘绳肌动态拉伸

这项练习主要拉伸腘绳肌上部。如果你的柔韧性不太好，你可以将自己想象成即将发射的火箭。

练习方法

1. 走3步，在第3步时踢腿。然后再走3步，踢另一条腿。也就是说，你在每次踢腿前需要先走两步。两侧交替进行。
2. 踢腿时，在你能够保持身体平衡的状态下，将腿伸直，尽可能地往上踢。你可以将手放在目标高度作为辅助。
3. 踢腿后回到起始姿势时，控制你的腿不向后摆动，接触到地面即可。

走姿梨状肌拉伸

梨状肌是臀大肌后侧的一块小肌肉，它的作用是带动髋部旋转以使腿和脚向外打开。它允许身体进行平滑的横向运动。

练习方法

1. 单腿保持平衡，将另一只脚的脚踝放在支撑腿的膝关节上。

2. 用手轻轻地按压上方的膝关节，感觉髋部外侧和臀大肌的伸展。

3. 走3步，换另一条腿重复这个动作。

提示

如果想要进一步拉伸，你可以屈曲支撑腿的膝关节，同时将上方的膝关节向下压。将你的髋部向后移动，就像要坐在身后的椅子上一样。

在完成动态训练之后，你应该已经得到了热身效果，并且神经系统也做好了运动准备。

臀肌激活系列

你知道你身体的哪个部位对于产生速度和爆发力至关重要吗？答案是你的臀肌。臀肌会参与大多数运动，因此，速度的发展取决于臀肌的强度。观察一下你身边优秀的运动员，你会发现他们都拥有发达的后链（身体后部的肌肉）。这并不是巧合，而是他们知道这些肌肉是产生速度的关键。

许多年轻的运动员来找我们合作时，他们的父母提出的第一个问题通常是，他们不知道如何运用自己的下半身。教会运动员将下半身正确融入运动模式的难易程度取决于他们的年龄。例如，高中毕业班的投球手的运动模式会因为他们多年来重复着不良运动模式而比更年轻的运动员更难以纠正。但这并非不可实现，只需要运动员们多加重复，同时对当前的运动模式必须产生的变化有充分的了解即可。

　　我们与当地一所大学的一名运动员合作过，该名运动员是当地最优秀的投球手之一。他在大四的时候来到我们的工作室。他告诉我们，无论他重复多少次特定的动作模式和臀肌练习，都无法将这些动作代入比赛中。弓步和分腿蹲是BEYOND MOTION®常用到的动作。在做这些动作时，运动员必须使用到他们的臀大肌，这会直接影响到他们跑步时的动作。当他们加速和冲刺时，会出现明显的弓步和分腿蹲姿势。因此，在举重房内强化这些动作会让运动员在场上的动作更有力、更快。如果这名运动员在 10 ~ 12 岁时就开始接受我们的训练，他就不会重复效率低下的训练 10 年之久，相反，他会掌握正确的运动模式，并重复进行简单、高效的训练，如今的情况会大有改观。

　　虽然臀肌对于正确的运动很重要，但过度训练臀肌是不可取的。例如，泰格·伍兹（Tiger Woods）说他不能参加锦标赛，原因是他的臀肌无法放松。如果臀肌不能正确地放松，你的动作就会变形。把你的臀肌想象成你的能量区和减震器。你需要它们有效地运动来带动你的膝关节，然后膝关节再带动脚踝和脚。因此，臀肌是一个复杂的训练区域。

　　臀肌激活练习会运用到轻度或中度阻力的阻力带。你需要将阻力带套在膝关节上方约 3 英寸（7.62 厘米）的位置。掌握了这个位置的练习之后，再将阻力带移动到脚踝上方约 3 英寸（7.62 厘米）处进行练习。

侧向运动

　　侧向运动能稳定骨盆并加强内侧臀肌。想一想在网球运动和匹克球运动当中的横向运动，再思考一下稳定性对于排球、足球和棒球运动员的重要性。

　　以下的练习以相同的身体姿势进行。完成 3 组，侧向移动的距离约 10 码（约9.14 米）。

侧向横走

　　这项练习可以锻炼臀大肌和髋外展肌。在整个练习过程中身体要保持相同的高度，且每一步的步幅要相同。想象你的两侧肩膀上各有一杯水，你不想让水洒出来。用臀大肌来对抗阻力，保持上半身的稳定。

练习方法

1. 以半蹲姿势开始，挺胸（a），向侧面迈出一大步（b）。
2. 收回另一条腿，使你的双脚间隔约为髋的宽度。侧向行走，重复所需的次数，然后换另一侧重复。
3. 身体始终保持半蹲姿势，肩部放松，髋部在脚跟后面。

提示

　　保持挺胸，脊柱伸直。

侧向滑动

这项练习可以产生侧向力。滑动不同于跳跃运动。侧向滑动时，臀中肌发力；纵向跳跃时，臀大肌发力。

练习方法

1. 以半蹲姿势开始，用右脚内侧蹬地并向左滑动，使双脚分开（a）。双脚间的距离应大于髋的宽度。
2. 将右脚往回收，使双脚间的距离减小（b）。重复所需的次数，然后换另一侧重复进行练习。

 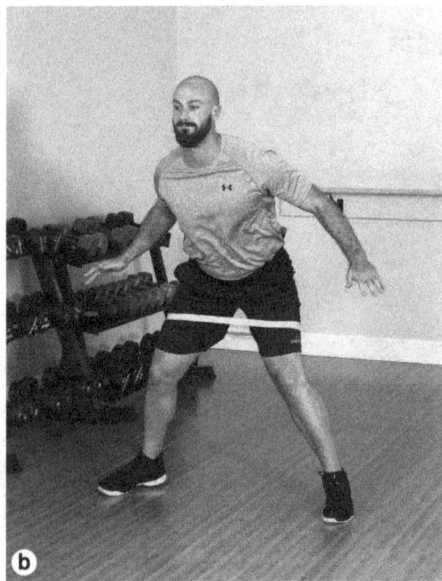

正向运动

正向运动系列可以锻炼你的股四头肌，它是从臀大肌到股四头肌再到脚踝这一运动链中不可或缺的一部分。

向前 45 度走

在这项练习的整个练习过程中身体要保持相同的高度，且每一步的步幅要相同。想象你在一个房间的正中央，你正在向侧前方的角落移动。右脚向右上角移动，左脚向左上角移动。在可控制的范围内尽量降低高度，以充分激活臀部肌肉。

练习方法

1. 以双脚并拢的蹲姿开始。髋部向后屈曲，挺胸，伸展脊柱。
2. 面朝前方，一只脚向外侧 45 度迈步（a），然后将后脚向前脚处移动，再向这只脚的外侧 45 度迈步（b）。双脚总是向外侧 45 度移动（即左脚向左侧 45 度移动，右脚向右侧 45 度移动）。
3. 保持身体稳定，胸部和髋部朝前。
4. 每迈出一步，双脚都要先并拢。

重复次数

重复所需次数，然后转身继续练习。

向后 45 度走

这项练习与向前 45 度走类似，要在整个练习过程中保持相同的身体高度和步幅。这项练习的动作是向后侧方迈步，同时上半身保持稳定。

练习方法

1. 以双脚并拢的蹲姿开始。挺胸，伸展脊柱。
2. 向外侧 45 度后退一步，保持核心和背部对齐（a），胸部和髋部朝前。
3. 将前侧腿拉至后腿处，恢复起始姿势。
4. 这条腿做一个 Z 字形动作，然后继续向后迈步（b）。

重复次数

做 3 组，每组 14 步，移动 10 码（约 9.14 米）的距离。

变式

有髋关节问题的运动员可以使身体侧向移动脚的方向，以通过旋转髋关节的方式调整这个动作。

脚尖侧点

　　在这项练习中，运动员将使用一条腿作为支撑，移动另一条腿。通常，支撑腿能比移动腿获得更多的锻炼。脚尖侧点练习需要一定的平衡能力，你需要在一条腿向一侧伸展的同时，保持支撑腿弯曲。

练习方法

1. 双脚分开与髋同宽，将阻力带套在距离脚踝约 3 英寸（7.62 厘米）的位置。
2. 将支撑腿固定在地面上。脚尖朝前，髋部向后坐，呈微微下蹲的姿势。支撑腿的膝关节位于脚趾后方，而不是脚趾上方（与脚踝垂直）。
3. 另一条腿向侧方移动，脚尖轻点地面（a 和 b）。保持骨盆稳定，挺胸，伸展脊柱。
4. 保持骨盆中立，在运动过程中不要晃动或扭动髋部。

重复次数

　　每条腿做 20 次。完成 3 组或 4 组脚尖侧点练习。

脚尖前点

这项练习与脚尖侧点类似，但在这项练习中，脚要在前方点地。同样，支撑腿可能比移动腿更累。用与之前的练习的相同运动模式交替做点地练习。

练习方法

1. 与脚尖侧点的前两个步骤相同。
2. 抬起移动腿，用脚轻点前方的地面（a和b）。保持骨盆稳定，挺胸，伸展脊柱。
3. 保持骨盆中立，在运动过程中不要晃动或扭动髋部。

重复次数

每条腿点地20次。完成3~4组。

脚尖后点

在做这项练习时，要将腿向髋部后方移动。它将锻炼到臀大肌和腘绳肌。

练习方法

1. 与脚尖侧点的前两个步骤相同。
2. 抬起移动腿，用脚轻点后方的地面（a 和 b）。保持骨盆稳定，挺胸，伸展脊柱。
3. 保持骨盆中立，在运动过程中不要晃动或扭动髋部。

重复次数

每条腿点地 20 次。完成 3 ~ 4 组。

下一章预览

完成了跳跃练习和臀肌激活练习后，你的运动准备已经超过了 99% 的运动员。这两个系列的练习能有效地激活你的身体和神经系统，你可以在恢复期（我喜欢将之称为身体调理期）做这些练习。你要集中精力在恢复期锻炼那些能够产生有效运动的小而稳定的肌肉。第 5 章将包含普拉提的入门练习，普拉提练习不仅能够锻炼你的身体，它还能锻炼你的思维。了解体能训练的人都会推荐普拉提练习，因为他们能够在普拉提练习中感受到其他运动方式无法带来的好处。此外，我们的一些线下客户从普拉提练习过渡到重量训练时，都取得了出色的表现。他们通过普拉提练习提升的灵活性和柔韧性是所有运动都不可或缺的基本属性，从他们练习普拉提第一天起就有显著的效果。

第 2 部分 | 体能训练

5 | 普拉提练习

到目前为止，你已经学会了如何提高你的身体意识、呼吸控制能力和柔韧性，并且也掌握了激活臀肌的方法，现在你可以学习更多关于普拉提的知识了。普拉提练习是训练方案的重要组成部分，它可以大大提升你的竞争优势。

在做普拉提练习时，你需要在保持核心稳定的同时，做一系列动态的柔韧性练习。许多职业运动员在练习普拉提之后，他们保持身体一部分稳定，同时移动身体其他部分的能力有了显著提高，并且他们的整体运动表现和力量都得到了提升。这有助于他们建立肌肉联系，增强核心力量和柔韧性，从而提升整体的力量、速度和耐力。在增强核心力量的同时，增强背部柔韧性并拉伸腘绳肌，可以加大运动步幅，直接提高你的速度和敏捷性。这对于田径运动员、足球运动员和篮球运动员来说，效果尤为明显。

使用第 4 章中的动态热身技巧，再结合以下的普拉提练习，你将能够制定出在训练期和恢复期都可以使用的独特训练方案。

普拉提的原则详解

"如果一个人的身体、思想和精神完美地融合成为一个协调的整体，那么他一定会是一个积极、敏锐而自律的人。"

——约瑟夫·普拉提

在第 1 章中，我们简要介绍了普拉提的六大原则。它不仅是普拉提的基础，更是对普拉提的一种定义。这六大原则分别是：呼吸、居中、专注、协调、流畅、精准。

它们结合了普拉提的理论、实践与哲学，你需要将这六大原则作为导向，并且将它们贯穿到每一项练习中。遵循这些原则，你就能够实现练习普拉提的真正目标：获得一套完整的身体训练方案。

呼吸

在《通过控制回归生活》一书中，约瑟夫·普拉提写道："呼吸是生命的第一步，也是最后一步……最重要的是，学会如何正确地呼吸。"呼吸有助于促进身体内部的自然运动。呼吸循环是一个涉及肌肉和关节的复杂过程。当你的呼吸控制能力得到改善时，你将会获得以下好处。

- 促进血液循环。
- 清除体内毒素。
- 减轻压力。
- 集中注意力。

居中

在普拉提中，"居中"可以解释为：找到你身体的重心，或调整身体的重量和姿势，以便从中心处开始运动。无论你是处于站姿、坐姿还是卧姿，身体居中都可以让你找到并专注于你的能量轴心。身体意识和身体居中是相辅相成的。居中会让运动变得更加轻松和平衡。

专注

在做普拉提练习时，你需要集中精力才能正确地完成每项动作。如果不保持专注，就容易找不到状态和失去对身体的控制。保持专注可以实现高质量的运动，并使大脑意识到身体正在做的动作。

协调

"协调"，是指特定动作背后的思维过程，它也是你练习的目标。协调的运动使你能够控制自己的意识和身体，从而做出流畅而标准的动作。

例如，假设网球运动员想要改变他们反手击球的方式，那么在练习了新的技术并提高了技术水平之后，他们就能够熟练地运用新的技术进行反手击球了。协调能使运动员在运动中产生和谐的感觉，它还能为运动员学习新的技术提供方向。

流畅

"流畅"在普拉提中表示动作流畅。将流畅的动作融入练习中，二者可以相互促进。普拉提练习不存在突然性的动作，它们都应该是流畅的。因为控制和流畅是普拉提的精髓，所以在练习过程中你不会用到爆发式动作。流畅的动作与爆发式动作之间存在很大的差异。普拉提练习应该以控制、自然、流畅、优美的动作来完成，中途不要有明显的停顿，否则会破坏动作的流畅性。

流畅是提高动作熟练度的必要条件。以流畅的方式连接每个动作会产生专注、充满活力和熟练的感觉。普拉提是一种锻炼方式，它能够为进行多种体育运动带来好处。无论你是职业运动员还是入门级运动员，你都可以通过将普拉提加入训练计划来增强你在做专项运动时的力量、耐力和流动性。

精准

"精准"在这里指的是精细地完成每一个动作。动作越精准，其效果就越好。

流畅可以使动作变得优美自然，而精准则可以使每一个动作正确和到位。所以在普拉提中，流畅和精准缺一不可。普拉提强调的是每一个动作的精准和完美，而不是杂乱无章、似是而非。在以下练习中，你将了解每个动作所需要的精准度。

普拉提看上去可能与某些其他形式的练习类似，但实际上，普拉提的每一项练习所需要的精准度及其特有的呼吸模式，都与其他练习有着很大差异。当你在遵循普拉提原则的基础上完成本书的练习后，你将对身体运动模式产生新的理解，同时也会获得更高水平的运动表现。

能量轴心

我们将对"能量轴心"的含义做出讲解，便于你对它所蕴含的力量有一个更充分的认识。大多数人会认为，人体核心仅由腹肌组成，特别是腹直肌或者 6 块腹肌。但是，核心（能量轴心）更准确的定义是你身体的中心，它是力量的来源。核心包括若干腹部肌肉，有腹直肌、腹横肌和腹斜肌（见图 5.1），它还包括盆底

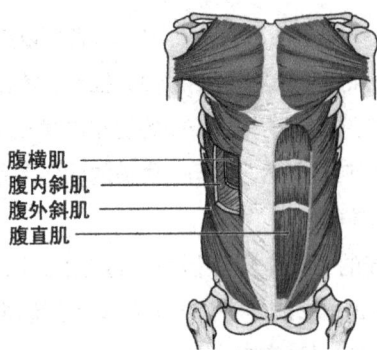

图 5.1   深腹部肌肉的前视图

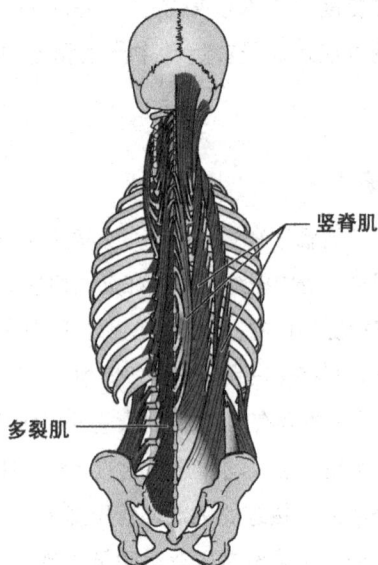

腹横肌
腹内斜肌
腹外斜肌
腹直肌

竖脊肌

多裂肌

图 5.2   多裂肌和竖脊肌的后视图

肌、髋关节周围的肌肉和下背部肌肉（竖脊肌和多裂肌）（见图 5.2）。

约瑟夫·普拉提认为，能量轴心是人体的中心，所有的普拉提动作都应以此为基础。许多普拉提练习的目的是加强能量轴心，以及增强身体其他部位的力量和柔韧性。我们的目标是让你的能量轴心在每项练习中都保持持续稳定地工作。你应该能够在移动四肢或整个身体时使骨盆和脊柱保持稳定，而不会在运动过程中出现动作变形或身体代偿等情况。

当你正确地运用能量轴心时，你的四肢应能以一种更为流畅的方式运动。在特定的运动或练习中，无法控制能量轴心的人往往核心力量较弱，并且不稳定。他们可能会出现背部疼痛、髋部紧绷、臀大肌无力、姿势不佳等问题。

对核心肌群有一个基本的了解，你就更容易知道你在普拉提和健身训练中是否锻炼到了正确的肌肉。总而言之，能量轴心是力量与能量的中心，你应该在每次练习时都感受到这些肌肉在努力工作。

埃米的经验

在过去的5年里，我们有幸与曾获世界冠军的铁人三项运动员埃米进行合作。根据她的初始评估成绩，我们决定将普拉提纳入她的训练方案中，以提高她的整体力量和柔韧性。虽然她是一名非常成功的铁人三项运动员，但我们确信她仍有很大的改善空间。

"普拉提帮助我成为一名更优秀的运动员。拥有更强大的核心和更灵活的臀部肌肉对我的游泳、自行车和跑步这3项运动都有好处。紧实的核心肌肉能够帮助我减少游泳时的阻力，使游泳更加顺畅。学习如何正确地运用深层肌肉提升了我的游泳速度。在自行车运动中，更强的核心可以帮助我更好地控制车把的位置。普拉提对我在跑步方面的提升更大，它使我能在跑步时保持良好的姿势和呼吸，并维持正确的跑步方式。此外，其最大的好处是使我的身体一直保持健康状态，没有受伤，因此我能够持续训练。持续训练使我获得了优异的比赛成绩。

在我做的所有普拉提垫上练习中，我最喜欢的垫上练习是仰卧卷腹。我花了很长时间才学会如何正确地去完成它，这也是我应该专注的事情。我现在拥有了更灵活的脊柱和更良好的姿势，小肌群的锻炼使我变得更加强壮。普拉提教会我必须学习如何运用一些曾经被我忽略掉的肌肉。"

——埃米·拉德曼

普拉提垫上练习

普拉提垫上练习的基础源自约瑟夫·普拉提的原始控制术。控制术专注于培养用意识控制身体的能力。一旦意识到身体在每个动作中的表现，你将能够认清自己的弱点，并学习新的运动模式，这将有助于你同时提高力量、耐力和柔韧性。

在接下来的练习中，你需要使用到普拉提垫或健身垫，此外还需要准备一条小毛巾。你也可以使用瑜伽垫，但略厚的垫子对你的脊柱更有好处。虽然普拉提的垫上练习有许多种，但以下练习是最常见的，也是广泛适用于各个年龄段运动员的。从高中运动员到职业运动员的训练方案，都包含这些普拉提垫上练习。

准备练习

首先要知道，大多数人都存在肌肉紧绷的情况。也许腘绳肌是你的症结所在，也许你的股四头肌和髋屈肌不适，或者你的背部肌肉给你带来限制。无论你哪里的肌肉出现了问题，这些都属于正常情况。每一项普拉提练习都包含强化阶段和拉伸阶段，因此你在进行普拉提练习之前不需要做伸展运动。鉴于大多数人都存在肌肉紧绷的情况，以下练习将帮助你的身体为接下来的进阶训练做好准备。

脊柱向前伸展

这项练习非常适合锻炼背肌和腘绳肌，同时，它也是一项深腹部练习，其最大的好处是能够为普拉提进阶练习奠定基础。

练习方法

1. 坐直，头部垂直于天花板。想象你的肩部与坐骨在一条垂直线上，避免身体前倾或后倾。肩部向两侧延伸，双腿完全伸直，双脚背屈，放在略宽于垫子的位置。如果你在不弯曲脊柱或不绷紧股四头肌的情况下，无法保持脊柱挺直或双腿伸直，请尝试将普拉提垫折叠或卷起，使之达到 2 ~ 4 英寸（5.08 ~ 10.16 厘米）的厚度。这个动作将打开你的髋部，放松你的股四头肌，并伸展你的下背部。

2. 吸气，双臂伸直，并抬至肩部高度。掌心朝下，手指向前延伸。手臂与肩部保持成一条直线，双臂之间保持固定的宽度（a）。

3. 呼气，收缩腹部，将耻骨朝鼻子和上胸椎倾斜，形成一个大的 C 字形。想象这个形状是一个饱满的大写的字母 C，而不是小写字母 c。坐骨保持稳定。你应该有身体弯曲的感觉，而不是向下压的感觉（b）。

4. 从该练习中最低、最深的点开始，逐节往回伸展脊柱。从你的下背部开始向上伸展，然后是中背部，再是上背部，直至头部均垂直于天花板。

重复次数

重复 4 次。

脚尖点地

这项练习可以加强你的核心和下背部肌肉力量，并可以加强你的呼吸控制能力和骨盆稳定性。

练习方法

1. 仰卧，屈膝，双脚分开与髋同宽，平放在垫子上。手臂放于身体两侧，骨盆保持中立位。
2. 吸气，将双腿抬高，呈"桌面"姿势（a）。
3. 呼气，将一条腿从髋部向前伸展，脚尖点垫面（b）。
4. 吸气，换另一条腿做这个动作。

重复次数

每条腿重复 6 ~ 8 次。

变式

先用单脚脚尖点垫面 4 ~ 6 次，再换另一条腿重复动作。在掌握了这个动作之后，两侧交替点垫面 1 次，然后双脚同时点垫面。双脚同时点垫面的活动度较单脚点地的活动度更小。

四足跪姿鸟狗式

四足跪姿鸟狗式是一项基础的核心和脊柱稳定练习，它能够有效地强化脊柱，保持骨盆稳定，并锻炼整个能量轴心肌群。

练习方法

1. 摆出四足动物的姿势，使你的两侧手腕、肘部和肩部成一条直线，大拇指与腋窝对齐。你的髋部应该在膝关节的正上方，脚踝与膝关节成直线。头部始终朝前（a）。

2. 首先将右腿向后伸展，使之完全伸直，然后抬高至髋部高度。保持骨盆稳定，同时收紧核心肌肉，保持背部伸展。

3. 将另一侧的手臂伸直，抬高至肩部高度，与耳朵持平。保持核心肌肉收紧，你的身体从头到脚成一条直线，感觉你的脊柱被前后拉伸（b）。在将手臂和腿部抬起之前先将其向外伸展，更易于保持核心激活和骨盆水平。这样做的

目的是防止身体旋转，避免胸部或背部下沉。如果在抬起手臂和腿时无法保持稳定，则可先只做腿部运动，然后只做手臂运动，熟练后再同时进行练习。

重复次数

单侧重复 6 ~ 8 次，然后换另一侧的手臂和腿做这个练习。如果要增加难度，可以以每次交替手臂和腿的方法，每侧各重复 6 ~ 8 次。

变式

在上述动作的基础上，吸气时将手臂和腿部放在垫子上，呼气时再将它们抬高至直线位置。如果要增加难度，可以在放低腿部的同时屈膝，将其拉至另一侧膝关节旁，但不接触垫面，用另一侧的手轻拍膝关节（c）。然后恢复拉伸姿势，保持骨盆水平和脊柱伸展。运动时要确保动作流畅而缓慢，配合呼吸做动作。

骨盆卷动

这项练习可以伸展腰椎，并有助于激活盆底肌。它是学习普拉提腹部收缩的一项很好的准备练习，同时也是桥式中脊柱的准备动作。

练习方法

1. 仰卧，屈膝，双脚分开与髋同宽，平放在垫子上，膝关节和脚踝对齐。将手臂平放在身体两侧，肩部打开并平放在垫子上。骨盆应处于中立位置，此时你会感觉到你的尾骨和坐骨指向你正前方的墙（a）。

2. 吸气时准备。呼气，将耻骨向上抬，感觉你的下背部轻轻地压在垫子上（b）。这是一个幅度很小的动作，在做这个动作时，你的整个背部都应该贴在垫子上。

3. 移动时，你的脚和脚趾要始终平放在垫子上，双腿和膝关节保持不动。如果这个动作对你来说有难度，你可以将迷你健身球或折叠好的毛巾夹在膝关节往上约 2 英寸（5.08 厘米）的位置，这样能够激活你的内收肌，并帮助你保持正确的姿势。在整个动作过程中保持夹紧。

重复次数

重复 3 ~ 6 次。

普拉提练习

现在你已经完成了初步伸展练习（热身练习），可以开始真正的普拉提练习了。接下来的练习包含你所学到的各项普拉提原则，需要你整个身体的参与，而不是一次只训练某一个特定部位。

桥 式

这项练习锻炼肩胛骨到尾骨底部的脊柱。它可以加强你的腘绳肌和臀肌力量，并把你的呼吸与运动联系起来。

练习方法

1. 仰卧，屈膝，双脚分开与髋同宽，平放在垫子上。膝关节和脚踝对齐。手臂平放在身体两侧，骨盆处于中立位置（a）。
2. 吸气时准备。呼气，使下背部轻轻贴在垫子上，然后从尾骨开始，将脊柱逐节抬离垫面。手和手臂仍保持轻压垫面状态（b）。

3. 身体抬起时吸气，然后呼气，缓慢地逐节放下身体，回到中立位置。

重复次数

重复 3 ~ 6 次。

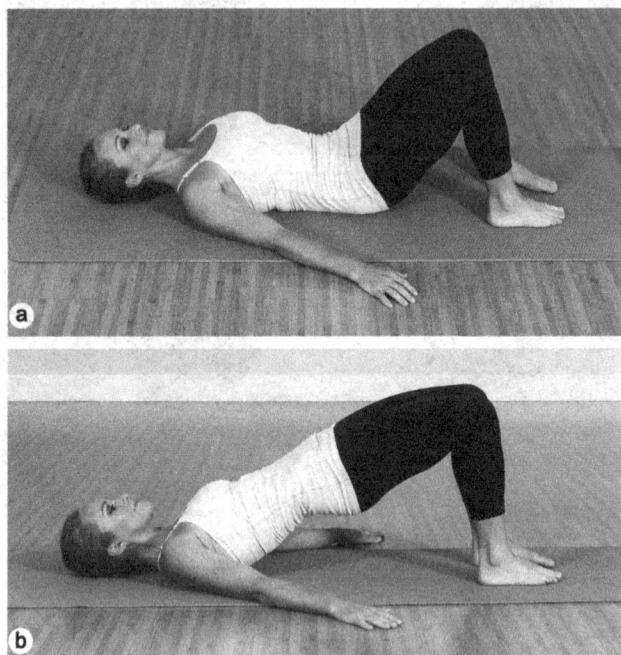

肩 桥 式

肩桥式属于中等难度的练习。你应该在尝试这个动作之前先掌握第 107 页的桥式练习。在抬起和放下腿部时，你必须能够保持正确的髋部和骨盆排列。

练习方法

1. 仰卧，脊柱保持中立位。屈膝，双脚分开与髋同宽，平放在垫子上。手臂平放在身体两侧，并轻压垫面。

2. 吸气时准备，上抬耻骨，腹肌向内收缩。呼气时，双脚向下压，将脊柱逐节抬离垫面，直至肩胛骨底部。

3. 吸气，将一侧膝关节向胸部靠拢，然后把这条腿伸直，脚尖指向天花板，在骨盆水平的同时保持髋部的高度不变（a）。身体的其余部分保持不动。放松你的肩部和颈部，这个动作可以锻炼腹肌和腘绳肌。

4. 呼气，将抬起的腿向下移，直至双膝处于同一高度。下移时，要尽可能地伸展。支撑腿的膝关节、伸直的腿和尾骨均向前方伸展，头部则向相反的方向伸展（b）。

5. 重复抬腿动作至规定的次数，然后放下身体。再换另一条腿重复以上动作。

重复次数

每条腿重复 3 ~ 5 次。

胸部抬起

这项练习的动作与常规卷腹练习的动作很像，但在做这项练习时，需要身体保持普拉提式的 C 字形弯曲。当你腹部的力量得到提升，并且掌握了正确的方法之后，这项练习将为多项仰卧位的前屈式普拉提练习奠定良好的基础（例如百次摆钟）。

练习方法

1. 仰卧，屈膝，双脚分开与髋同宽，平放在垫子上。双手叠放于头部后方，用于支撑头部，同时颈部和肩部放松。骨盆保持中立位，不要前倾或后倾（a）。

2. 吸气，下巴朝胸部微收，眼睛看向膝关节（而不是天花板）。你的下巴下方应有足够空间放下一个拳头。感受背部的拉伸。

3. 激活内部支撑系统（腹部肌肉）。

4. 呼气，同时收缩腹部，将胸部抬起，使下背部压在垫子上，从上背部开始移动，直至肩胛骨抬离垫面。保持肩部下沉（b）。

5. 保持这个动作，吸气，继续收腹。

6. 呼气，降低躯干高度，但不要放松腹肌。

重复次数

重复 3 ～ 6 次。

五合一系列练习

我们将以下练习称为五合一系列练习，其中包括百次摆钟、单腿伸展、双腿伸展、腹斜肌交叉伸展和腘绳肌拉伸这 5 项练习。你在单独掌握了每项练习之后，尝试将它们连接成一个流畅的运动模式，从一个动作过渡到下一个动作，中途不要停顿。

五合一系列中的每项练习都能锻炼到你的整个能量轴心，同时能够增加骨盆稳定性，拉伸髋屈肌，提高腘绳肌的柔韧性，并将呼吸与运动联系起来。

里克的经验

我们曾与当地优秀的一支女子高中篮球队合作。她们是一群出色的运动员，拥有敏捷的上肢和高超的球场技能。作为一支年轻的团队，她们需要学习如何发展更强的核心力量，以获得更高的稳定性和灵活性。我们负责指导她们进行力量训练、速度训练和普拉提训练。在普拉提训练中，她们所获得的提升最大。我们针对这些女子运动员做了一些训练方案上的调整，目的是帮助她们放松紧绷的臀肌和腘绳肌，并增强她们的核心力量。两个月后，她们在做普拉提练习时轻松了许多。她们感觉自己变得更加强壮，并且所需的调整也越来越少。五合一系列练习是这些女子运动员最常做的系列练习之一。

百次摆钟

百次摆钟练习能够将你的呼吸与身体结合起来，它可以作为进阶核心锻炼的热身，还可以加强耐力，从而提升整体运动表现。当你的手臂随着呼吸频率摆动时，你身体的其他部分要保持静止。你的腿部姿势决定着动作的难度。相信我，几乎每个人都能在这项练习中得到锻炼，因为正确地完成这项练习是有一定难度的。

练习方法

1. 仰卧，屈膝，双脚分开与髋同宽，平放在垫子上，双臂平放在身体两侧（a）。

2. 吸气，腹部肌肉用力。

3. 呼气，上半身保持胸部抬起的姿势，将手臂抬高 2 ~ 3 英寸（5.08 ~ 7.62 厘米），掌心朝下。

4. 吸气，腹部肌肉用力，然后在每次吸气和呼气时各摆动手臂至规定的次数 （要有节奏地上下摆动）。

重复次数

吸气，手臂在髋部上下摆动 5 次；呼气，再做 5 次同样的手臂摆动。

变式

基础百次摆钟动作的要求是将双脚分开与髋同宽，平放于垫子上。进阶动作则需要你将双腿抬高，身体呈"桌面"姿势（b），然后做这项练习。如果你能轻松地以"桌面"姿势完成这项练习，那么你可以将腿完全伸直，使之与地面成 45 度角，然后再做这项练习（c）。

单腿伸展

这项练习能够增加髋屈肌的柔韧性，加强核心力量，拉伸背部和腿部的肌肉。由于你的上半身在练习过程中会保持弯曲，所以你的整个核心肌群都能得到锻炼，你的耐力与持久力也会得到提升。

练习方法

1. 仰卧，屈膝，双脚分开与髋同宽，平放在垫子上，双臂平放在身体两侧（a）。
2. 呼气，伸直一条腿，双手夹住另一条腿膝关节下方的胫骨，将膝关节向身体方向牵拉，使之弯曲呈"桌面"姿势，同时将伸直的腿向下移动（b）。

3. 吸气，将双腿移回原位，然后呼气，伸直另一条腿，同时用双手夹住弯曲的腿。

重复次数

重复这个动作，双腿回位时吸气，单腿伸展时呼气。每条腿做 6 ~ 10 次伸展动作。

双腿伸展

双腿伸展比单腿伸展更具挑战性。吸气时，将双腿向前伸直，双臂向后伸直，与耳朵对齐。这个姿势更难保持核心控制和身体对齐。呼气时，双臂和双腿回到起始姿势。

练习方法

1. 仰卧，胸部抬起，将膝盖拉向胸部。小腿与地面平行，双手放在小腿两侧（a）。
2. 吸气，双腿向前伸直，双臂向后伸直，都与地面成 45 度角。保持双腿并拢、双臂打开，腹部用力收紧，脊柱保持中立位（b）。

3. 呼气，使用腹部力量将双腿收回，同时双臂划圈放回到小腿上。

重复次数

重复6 ~ 8次。

腹斜肌交叉伸展

这项练习能够充分锻炼腹斜肌，如果按照正确的方式做这项练习，它将具有一定的挑战性。你在做交叉伸展动作时，身体应当平稳地运动，髋部和骨盆要保持稳定。在传统的脚踏车式练习中，许多人做动作的速度快，但精准度有限，而这项腹斜肌交叉伸展练习则需要你的动作流畅、精准且具有控制性。

练习方法

1. 仰卧，上半身胸部抬起，双腿呈"桌面"姿势，脚尖绷起，屈肘，双手抱头（a）。
2. 呼气，用力收紧腹部，伸直一条腿，将躯干向对侧膝关节旋转（b）。

3. 吸气，躯干回到中间位置，身体恢复起始姿势。

4. 呼气时换腿，将躯干向另一侧旋转。

重复次数

每侧重复 5 次，保持骨盆稳定。

提示

做这个动作时，要避免身体晃动。

腘绳肌拉伸

这项练习非常适合腘绳肌紧张的人群。它不仅能够锻炼你的核心肌群，还可以拉伸你的腘绳肌和髋屈肌，因为你在整个过程中都会保持双腿伸直的姿势。在换腿时，小腿应始终略高于骨盆，这样你就能感觉到是腹横肌在收缩，而不是髋屈肌和下背部肌肉在收缩。

练习方法

1. 仰卧，上半身做胸部抬起的动作，将一条腿伸向天花板，双手握在膝关节与脚踝之间的位置。将另一条腿抬起至骨盆带的高度，膝关节伸直，脚尖绷直。

2. 呼气，收缩腹部，将上侧的腿向前额移动，同时配合两次较短的呼吸（a）。

3. 吸气，有控制地交换双腿的位置，同时保持双腿伸直，双手握住另一条腿，同时降低另一条腿（b）。

4. 呼气，重复第 2 个步骤。

重复次数

每条腿重复伸展动作 5 次。

提示

- 肚脐向脊柱方向收紧，躯干上抬至肩胛骨底端。
- 牵拉大腿时，注意保持小腿的位置不变。
- 保持髋部稳定，避免晃动。

脊柱屈曲与扭转练习

以下练习可以增加脊柱的活动度，增强核心力量，并提高身体的柔韧性。有些练习不是每项必做的，例如，卷躯上提和引颈前伸对一些人来说可能比较困难。请根据需要做出调整，记住，在所有普拉提练习中，最重要的是协调你的呼吸和动作。现在你的核心温度升高，脊柱也得到了舒展，可以开始做一些进阶练习了。

卷躯上提

卷躯上提是最经典的普拉提垫上练习之一。它可以很好地锻炼腹部肌肉，拉伸腘绳肌，加强和舒展背部肌肉。

练习方法

1. 仰卧，双腿伸直并拢，手臂向头部上方伸展（a）。
2. 吸气，感受你将空气吸入肋骨后部。
3. 呼气，肋骨下压，保持双臂与肩同宽。
4. 吸气，腹部肌肉用力，将手臂伸向天花板，然后再伸向脚趾方向。
5. 呼气，抬起上半身，手臂向前伸展（不要突然发力）。收腹，继续卷躯，并向前伸展（b）。
6. 吸气，腹部肌肉再次用力，使脊柱逐节归位，手臂回到向头部上方伸展的姿势。

重复次数

重复 6 ~ 8 次。

引颈前伸

引颈前伸是一项中等难度的普拉提练习，它锻炼的不是颈部肌肉，而是核心部位的力量，它还能够拉伸腘绳肌、增加脊柱活动度、强化背部肌肉。在做这项练习之前需要先掌握卷躯上提练习。

练习方法

1. 仰卧。双手叠放于脑后，拇指向下抵住脖子的两侧，肩部放松。呼气，核心肌肉用力，使你的整个背部贴在垫子上。伸直双腿，双脚与髋同宽，或者并拢（a）。

2. 深吸一口气，将头部和肩部从垫子上卷动抬起。然后呼气，收紧腹部肌肉，继续卷动，双手支撑头部，但不要使颈部产生牵拉感。卷动你的腹部和骨盆底。你在持续卷动躯干时，你的脊柱会形成一个 C 字形（b）。

3. 吸气，上半身恢复挺直姿势。双手叠放于脑后，此时你的肩部位于髋部正上方，吸气。

4. 呼气，将身体有控制地、缓慢地往回舒展。

重复次数

重复 3 ~ 6 次。

教练技巧

如果你是短跑运动员或跨栏运动员，那么你增大步幅的一个重要前提就是你的臀肌和腘绳肌需要有足够的弹性。在条件相同的情况下，你的每一步都是你获胜的关键。增加髋部灵活性除了能帮助你获得更好的比赛成绩外，还可以预防在短跑运动员和跨栏运动员中常见的肌肉拉伤和紧绷。你的肌肉越紧绷，受伤的可能性就越大。

在髋部灵活性这一点上，与我们合作过的一名田径运动员就是一个很好的例子。当她第一次来到我们的工作室时，她的臀肌、腘绳肌和内收肌都处于非常紧绷的状态，这导致她骨盆失衡，出现步态紊乱的情况。她的步幅和跨栏能力都是不可否定的，但她可以发挥出更大的潜力。为了帮助她拉伸脊柱、强化核心、舒展髋部肌肉和腘绳肌，我们给她制定了包含泡沫轴练习和整套普拉提练习的训练方案。我们要求她从脊柱向前伸展、脚尖点地、胸部抬起、骨盆卷动以及桥式开始练习。接下来，她做了五合一练习，我们还将脊柱扭转练习加入她的训练方案中，目的是提高她的旋转技巧，并增加她的骨盆稳定性。这些练习的效果相当好。随着她的稳定性提高，我们又增加了侧卧式腿部练习，以加强她的臀肌力量。经过训练之后，这名运动员和她的教练都给予了良好的反馈。她的跑步时间缩短了，并且跨栏更加轻松，她在开始训练的60天内就感受到了这种变化。

脊柱扭转

这项练习可以增强背伸肌的力量，并能通过与腹肌的配合改善脊柱的旋转度。在整个练习过程中，要保持骨盆稳定，从能量轴心开始运动。

练习方法

1. 保持坐姿，双腿伸直并拢，双脚背屈，双臂打开并抬高至肩部高度，掌心向下（a）。
2. 吸气，腹部肌肉用力。呼气，将上躯干向右旋转，眼睛看向右手方向（b）。
3. 吸气，转回中间位置，骨盆和腹部保持稳定。
4. 呼气，向另一侧旋转。

重复次数

每侧重复 3 ~ 5 次。

提示

腿部和脚部保持稳定不动。

旋体拉锯

旋体拉锯练习可以拉伸腘绳肌和内收肌，加强背伸肌和背斜肌的力量。这项练习可以通过锻炼腹部肌肉，有效地改善脊柱活动度。

练习方法

1. 坐直，双腿伸直并打开，双脚保持比垫子略宽的距离。手臂由中背部力量支撑，从锁骨中心向两侧延伸，与地面平行，掌心向下（a）。

2. 吸气，腹部肌肉用力，将躯干向右旋转（不要移动骨盆），手臂和头部要与躯干一同移动。

3. 呼气，将左侧肩部朝右腿方向移动，伸直左臂，并将手伸过脚趾。同时，右臂向后延伸。身体在旋转时，手臂相对于躯干的位置是保持不变的（b）。

4. 吸气，回到中间位置。

重复次数

换另一侧做这项练习。每侧重复 3 ~ 5 次。

侧踢腿练习

侧踢腿练习是运动员增强臀大肌、腹横肌、腹斜肌和稳定髋部肌肉的理想选择。如果你在做这些幅度小、有控制的运动时，能够感受到臀大肌发力，就说明你的方法是正确的。你的动作应该具有控制性、流畅、精准，且动作幅度较小。侧踢腿练习适合锻炼臀大肌、髋部肌肉和大腿肌肉。在做这些练习时，要确保核心稳定。

侧踢腿练习包括前后踢腿、上下踢腿和单腿划圈等（这些练习从接下来介绍的起始姿势开始）。首先，侧卧，用下方的手支撑头部，肘部与身体保持平行。另一只手平放在肚脐前方的地面上，肘部向外伸展。你的手和胸部之间要保持一定的距离，以避免耸肩。放松肩部，眼睛直视前方，使你的颈部处于正确的位置。如果需要较高的难度，你可以将双腿并拢，使骨盆带到踝骨保持一条直线。如果需要较低的难度，则可以将双腿放在与身体成 45 度角的位置。

前后踢腿

在做前后踢腿练习时，你的腿部会在中线前后小幅度地移动，并且整条腿需要保持在髋部高度，这样可以加强你的活动度与控制能力。在做前踢动作时，你会感觉到核心肌群的收缩，同时腘绳肌和臀大肌也会有拉伸感。在做后踢动作时，你会感受到髋屈肌的拉伸，同时你的核心肌群和腘绳肌以及臀大肌也在收缩。这项练习包含了前踢和后踢的动作。前踢时脚部背屈，后踢时脚部跖屈。你的动作要建立在身体其他部位保持不动的基础之上。在做腿部运动时，需要保持身体其他部位的绝对稳定。

练习方法

1. 呼气，脚部背屈，在骨盆没有前倾或后倾的情况下，尽量将腿部向前移动（a）。骨盆和躯干保持稳定。

2. 吸气，脚部跖屈，尽量将腿部向后移动，同时保持躯干稳定（b）。

重复次数

每条腿重复 8 ~ 10 次。

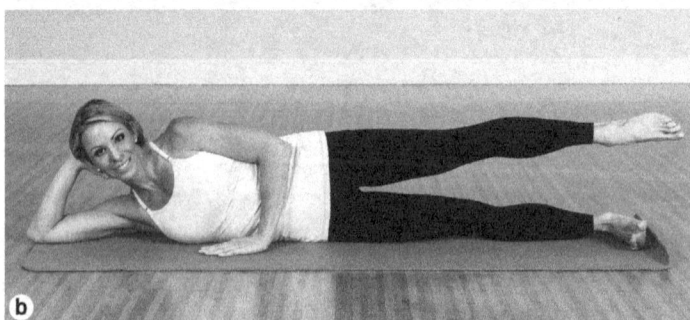

上下踢腿

上下踢腿练习可以锻炼你的外展肌和内收肌，同时可以提高你的核心控制能力和保持身体对齐。

练习方法

1. 吸气，下腹斜肌用力，使下方的腿压在垫子上（a），将上方的腿抬至髋部高度（b）。确保你的脚尖和脚跟位于同一垂直线上，以及你的脚部和腿部没有旋转。
2. 呼气，将上方的腿放下，回到起始姿势。

重复次数

每条腿重复8～10次。

单腿划圈

这项练习需要控制力、精准度和柔韧性。你在刚开始做这项练习的时候，应该保持较小的运动幅度，而不是做大幅度的划圈动作，因为动作幅度过大可能会导致身体其他部位不稳定。随着你的力量与柔韧性的提高，你可以逐渐加大动作幅度，但这不是必需的。无论你的动作幅度是大还是小，你在做这项练习时都应该能感觉到臀部肌肉在发力。请记住，侧踢腿练习强调的是你的控制能力，而不是动作幅度。

练习方法

1. 吸气并收腹，使身体伸展，下方的腿保持稳定，将上方的腿抬至髋部高度（a）。
2. 呼气，在保持髋部稳定的同时，将上方的腿由前向后划圈（b）。
3. 吸气，在完成一圈之后继续由前向后做划圈动作。

重复次数

重复这个动作 8 ~ 10 次，然后反方向做划圈动作。

双腿侧抬

双腿侧抬练习需要一定的控制力和稳定性。在做这个动作时，注意要在内收肌用力时保持身体稳定。

练习方法

1. 一般练习者在做这个动作时，初始动作是屈肘以支撑头部，并且手臂与头部和脊柱保持对齐。但对于肩颈部存在问题的练习者来说，将手臂完全伸直是更为理想的办法。它适用于所有的侧踢腿练习。
2. 吸气并收腹，下方的腿保持稳定，将上方的腿抬至髋部高度。脚踝、膝关节和髋部应与骨盆带成一条直线。
3. 呼气，将下方的腿抬高，使之与上方的腿并拢（a）。
4. 吸气，同时放低双腿（b）。

重复次数

每侧重复 6 ~ 8 次。

提示

上方的腿抬高后要保持稳定，不要为了并拢双腿而将上方的腿向下移动。这项练习可以在双腿平行时完成，也可以在双腿外旋时完成。

侧卧蚌式开合

　　侧卧蚌式开合练习可以锻炼臀部外展肌，例如臀中肌。它通常用于下背部疼痛和髋部损伤的康复训练。它还能增强骨盆稳定性、锻炼臀肌。

练习方法

1. 侧卧，膝关节屈曲 90 度。你的脚部与背部在一条直线上，就像靠在一面墙上一样。
2. 深吸一口气，然后呼气，肚脐向脊柱方向收缩（a）。
3. 吸气时准备，然后呼气，将上方的膝关节上抬，双脚保持并拢（b）。
4. 吸气，保持这个动作；然后呼气，将腿恢复至起始姿势。
5. 在做腿部运动时，注意保持身体对齐。

重复次数

　　每条腿重复 5 ~ 10 次。

提示

　　如果动作标准，你应该能感觉到髋部后侧的肌肉（臀中肌和臀小肌）在发力。

背部力量和柔韧性练习

    胸椎（中背部）的拉伸对每个人都很重要，但对于运动员来说，提高该部位的力量和柔韧性可以平衡他们在多项运动中所包含的前倾动作，这一点尤为重要。高尔夫球手在挥杆时，身体会略微前倾；篮球运动员在运球时也会有前倾动作；游泳运动员在一年内要进行数千圈的游泳练习，每次用手臂划水时，都会将脊柱和肩部稍微前拉，这通常会增加他们胸部和背部肌肉的紧张程度。通过放松胸前部肌肉、提高背部力量，运动员们可以获得更加流畅且更有效的运动模式。接下来的俯卧位练习非常适合想要增加中上胸部力量和灵活性的人群。许多体育运动都会造成身体姿态失衡，并且会导致身体两侧肌肉发展不均匀。除此之外，包括跑步、游泳、自行车、网球和高尔夫球在内的多项运动，都需要做身体前倾的姿势。将这些领域的运动员与芭蕾舞演员的身姿做比较，芭蕾舞演员的身形会更修长、更挺拔。增强背伸肌力量和伸展胸部的练习，不仅能够改善姿势，还有助于提升运动表现。

天 鹅 式

    天鹅式是一项伸展练习，它能充分伸展身体的前部，扩张胸部，并拉伸腹肌、髋屈肌和股四头肌。在整个练习过程中，要保持腹部肌肉收紧，肩部、背部、大腿内侧、骨盆底、臀部的肌肉和腘绳肌都要参与运动。

练习方法

1. 俯卧在垫子上。双臂贴于身体两侧，肘部屈曲，使双手位于肩部下方。不要耸肩，肘部向后伸展。双腿可以并拢，也可以分开与髋同宽。

2. 将肚脐向脊柱方向收缩，以收缩腹部。髋部前部仍要贴在垫子上（a）。

3. 吸气，伸展脊柱，将前臂和手部向下压作为支撑，使上半身形成一条弧线，感受能量从你的头部上方贯穿全身。双肘靠近身体，感觉它们擦过你的肋骨，头部与脊柱保持成一条直线，髋部贴在垫子上。尾骨向脚跟方向伸展，以保护你的下背部（b）。

4. 呼气，保持腹部收缩，同时伸展脊柱，将下腹部、中腹部、下肋骨和胸骨依次贴回垫子上。

重复次数

将这个动作重复 3 ~ 5 次，保持呼吸均匀、流畅。

变式

如果你感觉呼气时更容易伸展，那么你可以在做伸展动作时呼气；感受身体前侧和后侧的拉伸，以避免对腰椎造成压力。

俯身游泳

这项练习可以强化背部的肌肉、腘绳肌和臀部的肌肉，改善姿势，提高灵活性和稳定性。它能够锻炼核心和深腹部肌肉，帮助你改善身体平衡。

练习方法

1. 俯卧，双臂伸直放在身体前方，掌心向下。膝关节伸直，脚尖绷直（a）。
2. 吸气时收腹，将胸部、手臂和腿部略微抬起。
3. 保持骨盆稳定，髋部压在垫子上，避免身体晃动。
4. 呼气，将一侧手臂和对侧的腿向上抬。吸气，换另一侧进行（b）。
5. 完成这个动作后，保持胸部、手臂和腿部略微抬起，然后呼气并慢慢下放。

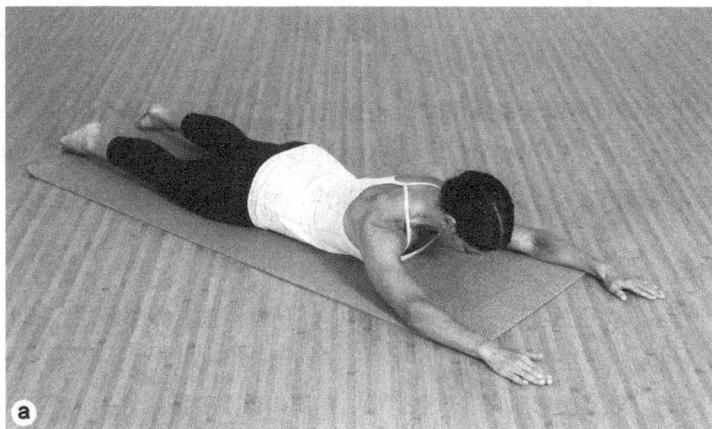

重复次数

保持呼吸，两侧交替做 10 次，在做这个动作时，手臂和腿部始终是抬离垫面的。

变式

如果你在保持身体稳定时，难以将手臂和腿部同时上抬，你可以按照以下方法将这个动作拆分开来。

1. 收腹，双腿放在垫子上，抬起手臂，仅做上半身动作。
2. 手臂归位，伸直并抬起腿部，仅做下半身动作。手臂放在地面上，头部和颈部保持在离地面约 2 英寸（5.08 厘米）的中立位置，身体保持稳定。
3. 你在掌握了以上两个步骤之后，就可以同时进行双臂和双腿的练习了。

单腿上踢

单腿上踢练习侧重于锻炼腘绳肌和臀肌。在走路和跑步等活动中，腘绳肌负责伸展髋部和屈曲膝关节。这项练习还能有效地锻炼核心和中背部的肌肉。在做这项练习时，要保持腹部收紧、胸部伸展、肩部稳定，同时背部要伸展并下沉。

练习方法

1. 俯卧，双手放在垫子上，肘部朝后，双腿伸直，脚部跖屈，脚背压在垫面上（a）。
2. 吸气，收紧腹部肌肉，单膝屈曲，使脚向臀部靠拢。
3. 用 2 次冲击式动作，将脚踢向臀部，期间保持抬起一侧的脚部背屈（b）。
4. 呼气，换腿做这个动作。呼气时用脚踢臀部，吸气时把腿伸直。初学者可以单侧重复 8 次踢腿，然后换腿。进阶式动作则需要各侧踢腿 2 次，两侧交替进行。在换腿之前要先把腿伸直。

重复次数

交替进行 12 次，即每侧踢腿 12 次。

提示

在整个练习过程中，肩部保持稳定，腹部保持收紧。

双腿上踢

双腿上踢是一项非常有效的背部伸展练习。它能锻炼背伸肌、臀肌和腘绳肌，并需要用整个身体进行支撑。

练习方法

1. 俯卧，伸直双腿，双手放在背后。屈肘，将一侧脸部侧贴垫子。
2. 吸气，将双腿抬高几厘米。双脚轻轻指向地面。
3. 呼气，屈膝，以冲击式动作将脚踢向臀部（a）。呼气时进行 2 次踢腿动作，吸气时将腿伸直。双腿同时运动。
4. 吸气，伸直双腿，同时将胸部从垫子上抬起，将手臂抬起伸向脚跟（b）。

5. 呼气，换另一侧脸部侧贴垫子，屈臂屈膝，做踢腿动作。

重复次数

每侧重复 6 次。

滚动练习、关节练习和平衡练习

在做滚动练习时，需要流畅的动作、身体控制能力和呼吸控制能力，当然还需要有脊柱滚动的能力。对于需要拉伸竖脊肌并保持核心控制的人来说，这些练习都是很好的辅助练习，但这些练习不适合有颈椎问题的人群。

球式滚动

这项练习可以激活脊柱，锻炼深腹部肌肉，并连接身体的流畅动作和呼吸。

练习方法

1. 保持挺拔的坐姿，屈曲上半身，屈膝，将双脚抬离垫面。双臂环抱双腿，手掌放在小腿上（a）。
2. 吸气，收紧腹部肌肉，将身体向后滚动，使脊柱成 C 字形曲线（b）。
3. 呼气，往回滚动，然后保持平衡的坐姿。用你的呼吸来保持对运动的控制和运动的流畅。

重复次数

重复 6 ~ 8 次。

 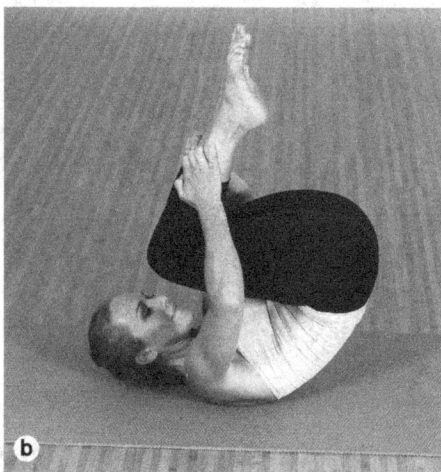

分腿滚动

　　分腿滚动是一项很好的腹部练习，它能锻炼核心稳定性和脊柱关节，同时能够提高平衡能力和控制能力。你在做这项练习时，需要依次控制你的上腹部和下腹部，并始终保持腹部肌肉收紧。同时，你还需要协调呼吸来保持动作的流畅和对动作的控制。注意：如果你的背部或颈部有问题，或者腘绳肌紧张，你可以将此练习作为平衡练习，不需要进行滚动。

练习方法

1. 保持平衡的坐姿，双腿分开与肩同宽，向上伸直。在柔韧性允许的情况下，双手握住脚踝，在保持背部挺直的同时完全伸直双腿（a）。

2. 吸气，收紧腹部肌肉，屈曲背部，从下脊柱开始滚动，一直到肩部位置（b）。

3. 呼气，往回滚动，先保持脊柱弯曲，回到起始姿势时伸展脊柱。保持平衡。

重复次数

重复 6 ~ 8 次。

仰撑抬腿

仰撑抬腿能够锻炼核心力量，它也是一项全身性练习。在这项练习中，你需要将一条腿从地面上抬起，在不稳定的状态下锻炼腹部和肩部，同时拉伸胸部肌肉。

练习方法

1. 首先保持坐姿，双腿向前伸直，收紧腹部，尽可能地挺直背部。

2. 将手臂放在肩部下方的垫子上，掌心朝下，手指稍微向外侧旋转。将髋部抬离垫面，双腿伸直，脚部跖屈。将整只脚压在垫子上，不要抬脚或勾脚（a）。

3. 吸气，收紧腹部肌肉，保持身体的支撑。

4. 呼气，将一条腿抬高（b）。

5. 吸气，将腿放回垫子上。

6. 呼气，将另一条腿抬高。

7. 吸气，将腿放回垫子上。

重复次数

每侧重复 3 ~ 5 次。

单侧运动

我们在佛罗里达州与许多网球运动员和匹克球运动员进行合作。这些运动员从事的运动项目对身体素质的要求很高。网球运动和匹克球运动需要敏捷性、柔韧性、平衡能力、活动度、爆发力、对时机的把握能力和耐力。如果核心肌肉较弱，你的身体活动速度就会变慢，更容易产生疲劳，从而会导致其他肌肉过度代偿、运动效率降低。

许多运动都属于单侧运动。例如，长曲棍球、网球、高尔夫球、匹克球、棒球和垒球等运动，通常都在身体的一侧进行。因此，大多数运动员都是单侧身体比较灵活，他们总是惯用一侧手进行击球或挥杆，而不是两侧交替做这些运动。这导致许多球员的惯用侧与非惯用侧之间存在肌肉发展不平衡。这些不平衡可能会导致肩部、背部、膝关节和髋部损伤。

将普拉提纳入运动员的单侧运动方案中，可以为运动员的训练和比赛带来以下五大好处：（1）增强核心力量，改善击球控制能力，提升爆发力和速度；（2）改善平衡能力和控制能力，加快反应速度和方向变换速度；（3）改善肌肉控制能力，防止过度运动损伤；（4）增加背肌和腘绳肌的柔韧性，减少整体伤害；（5）提高身体意识和注意力，提升整体表现。

接下来的这组练习将平衡运动员在球场和赛场上所做的运动，可以加强并激活他们的常用肌肉。

美人鱼式

这项练习拉伸并锻炼单侧肋间肌（主要呼吸肌）、背伸肌和腰方肌（QL）。此外，在练习过程中必须运用核心肌群来保持躯干的稳定。

练习方法

1. 保持 Z 字形坐姿或盘腿坐姿。吸气时准备，想象你的脊柱向天花板方向伸展。呼气，将肚脐向脊柱方向收缩（a）。
2. 前腿对侧的手臂开始运动。吸气，将手臂举过头顶，向斜上方伸展，手臂与耳朵保持对齐，肩部放松，头部自然地向侧方倾斜（b）。注意头部和颈部不要前倾或下垂。
3. 离你后腿更近的手可以向后拉后腿的膝关节，以进一步拉伸你的腰方肌，同时要保持髋部朝前，臀部紧贴垫面。

4. 想象你将手臂伸向墙壁和天花板的交会处。这将有助于保持脊柱伸展，并避免对椎间盘造成过度的压力。

5. 呼气，回到起始姿势。

重复次数

重复 3 ~ 5 次，然后交换双腿的位置，用另一侧手臂做这项练习。

提示

若你开始时选择的是盘腿坐姿，应将前腿同侧的手放在地面上。换另一侧手臂时，也要变换双腿的摆放位置。其余动作保持不变。

超越卷动

这项练习主要训练控制力。它能拉伸你的背肌和腘绳肌，使你的腹部肌肉得到极强的锻炼。身体在向后卷动时，要保持对腿部的控制，不要使腿部越过头顶。在练习之前要先进行热身。这是一项难度较高的练习，它不适合背部或颈部有问题的人群。

练习方法

1. 仰卧，双臂放在身体两侧，掌心向下。伸展颈部，使肩部与耳朵保持一定的距离，胸部伸展，眼睛看向天花板和墙壁的交会处。

2. 屈膝，双脚平放在垫子上（a）。先将双腿抬高，呈"桌面"姿势，然后向上伸直，使你的腿部和躯干成 90 度角。尾骨保持紧贴垫面（b）。

3. 吸气时准备，呼气，将骨盆抬起，双腿移动到头部上方，脚部跖屈。

4. 吸气，保持这个姿势，同时脊柱保持弧度，双脚向地面方向伸展。双腿分开与肩同宽，脚部背屈（c）。

5. 呼气，慢慢舒展脊柱，放回垫子上，保持双腿分开，然后腹部用力，使双腿回到起始姿势（d）。

重复次数

重复 3 ~ 5 次，然后变换做这个动作的腿部姿势。先将双腿分开，当其卷过头顶时并拢，再重复 3 ~ 5 次。

变式

以下是上述练习的简化版本，将卷起动作改变为上下举腿动作。

1. 从双腿向上伸直开始，腹部肌肉收紧，将整个背部贴在垫子上。
2. 呼气，双腿下移 45 度，或者移动到你仍然能够保持颈部伸展、目视前方、胸部伸展和肩背部贴在垫子上的最低点，保持腹部用力。
3. 吸气，将双腿移回至与躯干成 90 度角的位置，双脚伸向天花板。
4. 该变式练习可以锻炼核心肌肉，它适合背部和颈部存在问题的练习者。

俯撑抬腿

俯撑抬腿可以锻炼核心力量，它也是一项全身性的练习。它是平板支撑的进阶式练习。在这项练习中，你需要将一条腿从地面上抬起，在不稳定的状态下运用腹部和肩部的力量，使躯干和骨盆在运动时保持稳定。这项练习能锻炼到多处肌肉，其中感觉最为明显的是小腿肌肉，小腿肌肉是主要的练习目标；然后则是腘绳肌、臀肌、股四头肌、腹股沟、腹肌和肩部肌肉。

练习方法

1. 从平板支撑的姿势开始，将双手放于肩部的正下方。
2. 吸气，收紧腹部，保持身体的支撑（a）。
3. 呼气，将一条腿从垫子上抬起，保持骨盆平行于地面（b）。
4. 抬起脚的脚趾应高于着地脚的脚跟。
5. 吸气，把脚放回垫子上。
6. 呼气，抬起另一条腿。
7. 吸气，把脚放回垫子上。

重复次数

每侧重复 3 ~ 5 次。

V形悬体练习

V形悬体练习是普拉提垫上练习中最具挑战性的练习之一。它可以锻炼你全身的肌肉，其中包括腹部肌肉、竖脊肌和髋屈肌。先从V形悬体预备式开始练习。

V形悬体预备式和V形悬体这两项练习的目标都是强化背伸肌和腹部肌肉，并有效地锻炼脊柱关节，预防过度运动损伤和背部肌肉紧张。在做这两项练习时，要注意配合呼吸来完成动作。吸气时准备，呼气时移动。

V形悬体预备式

V形悬体预备式是一项很好的入门练习，它不像V形悬体那么具有挑战性。如果你刚开始练习普拉提，或者你的腘绳肌、髋屈肌、股四头肌或背肌存在紧张的情况，那么这项练习将是很好的选择。当你双腿并拢时，你应该能感觉到内收肌在发力。

练习方法

1. 仰卧在垫子上，双腿呈"桌面"姿势。吸气，双臂举过头顶，下巴朝胸部微收，然后开始将你的背部抬起（a）。保持肩部下沉，肩胛骨收紧。这个动作类似于卷躯上提。

2. 继续上抬躯干，双手伸向脚趾，同时保持屈膝，双腿呈"桌面"姿势。做这个动作时呼气，躯干抬起时，双手伸向脚趾的两侧（b）。

3. 呼气，腹部肌肉用力，不要猛抬身体。

4. 吸气时准备，呼气时下放躯干，控制腹部力量，将脊柱逐节贴回垫子上。

5. 上脊柱归位时，手臂从身体两侧回到头顶上方的位置。保持肩部下沉，不要使肋骨外突。

重复次数

吸气时准备，呼气时移动，重复 3 次。

提示

随着力量的增加，你需要逐渐将动作做流畅，确保身体在上下运动时动作没有间断。

V 形悬体

这项练习是 V 形悬体预备式的进阶式练习，同样能锻炼你的坚脊肌与核心肌肉，同时它也会锻炼到髋屈肌、股四头肌、内收肌和腘绳肌。通常，你应该在掌握了 V 形悬体预备式之后再做这项练习。但如果你腰背部存在损伤，那么无论你练习普拉提多久了，我们都不建议你做这项练习。你可以继续做 V 形悬体预备式练习，或者选择另外一项练习。

练习方法

1. 仰卧，双臂抬高，与地面垂直，双腿伸直平放在垫子上（a）。或者改变姿势，以 V 形悬体预备式的准备动作开始。

2. 吸气时准备，将双臂伸到耳侧位置（b）。

3. 呼气，微收下巴，向外打开手臂，形成 T 字形（c）。保持腹部收紧，同时将上半身和下半身抬起。将手指向你的脚趾方向伸展，保持肩部下沉，使身体呈 V 字形。

4. 将身体抬到最高处时吸气，放松胸部，略微抬头，伸展你的脊柱（d）。

5. 呼气，同时下放上半身和下半身，手臂先向后移动回到 T 字形姿势，然后再回到与地面垂直的姿势。

重复次数

重复 3 次。

普拉提式俯卧撑

普拉提式俯卧撑是一项难度较高的练习。你现在可以开始完成它了，但要想将这项练习做到位，你需要花时间巩固核心和手臂的力量与稳定性。在做俯卧撑之前，先保持 60 秒的平板支撑。普拉提式俯卧撑可以增强核心、胸部和肩部的力量，稳定骨盆，并锻炼腘绳肌、臀肌和小腿肌肉。

练习方法

1. 以站姿开始，按照第 147 页"站姿向下卷动"的步骤，完成向下卷动，将手掌放在垫子上。

2. 双手向前移动，使身体呈高位平板支撑的姿势。双手应对齐，使手腕、肘部和肩部在一条直线上。拇指与腋窝对齐，胸部伸展，双手之间保持较大的距离。脚跟向后伸展，腘绳肌和小腿肌肉应有拉伸感（a）。

3. 吸气，使肘部向身体中线屈曲，确保你的躯干、头部和颈部一起移动，这样会避免牵拉颈部和弓起背部（b）。把这个动作当成是同时移动 3 个部位的动作（同时移动躯干、头部和颈部），吸气时压低身体，呼气时上推，恢复平板支撑姿势。

4. 重复 2 ~ 3 次，然后将手掌移回脚部，起身恢复站立姿势。

重复次数

将整套练习步骤重复 3 次。

开始和结束练习

　　站姿向下卷动练习可以在锻炼开始时和结束时进行。在进行其他练习之前，它可以作为一项热身练习；而在普拉提练习结束时，它可以使你恢复站立姿势。站姿向下卷动是调整姿势的最佳练习。

站姿向下卷动

　　这项练习可以强化脊柱关节和腹部控制能力，也可用于拉伸背肌和腘绳肌。

练习方法

　　1. 保持站姿，手臂放在身体两侧，双脚平行（a）。

2. 吸气时准备，呼气时依次缓慢地向前屈曲头部、颈椎和胸椎，就像身体从墙上剥落一样。

3. 继续卷动下腰椎，使手和手臂朝地面方向下垂（b）。

4. 到达最低点时吸气，呼气时逐节伸展脊柱，沿着想象中的墙壁向上移动，直到身体站直。

使用辅助工具做普拉提垫上练习

使用辅助工具可以改变普拉提练习的难易程度，为你的普拉提练习增添动力。可用的辅助工具有很多，我们斟酌后挑选出了其中 3 种最易于使用且有效的辅助工具。

迷你阻力带

- 在做仰卧运动时，将阻力带绑在大腿上，可以帮助固定膝关节和股骨，避免腿部和脚部分得太开。

- 在做平板支撑练习的时候（如俯撑抬腿），将阻力带绑在脚踝上，可以增加阻力，加大动作难度。

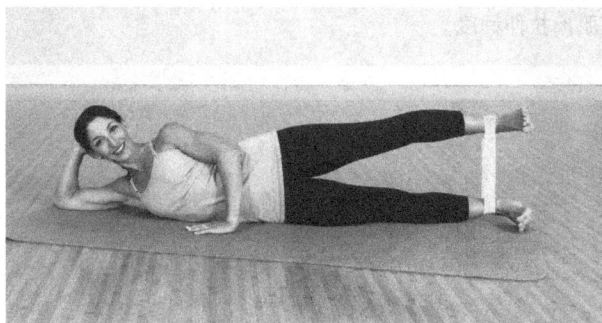

迷你健身球

- 在做背部和核心练习时（如脊柱扭转），将直径为 9 英寸（22.86 厘米）的健身球夹在双腿之间，有助于进一步锻炼内收肌。

- 在做平板支撑和俯卧撑练习时，将健身球夹在双腿之间，有助于进一步锻炼内收肌，并加强核心肌群的锻炼。

- 以坐姿开始，屈膝，双脚分开与髋同宽，脚跟向下，双脚背屈，将健身球放在靠近下腰背的位置。这将有助于提高背部稳定性，加强核心肌群的锻炼，并提高肌肉拉伸程度。

● 在仰卧位核心训练中，用双手抱住健身球，可以激活胸部和肩部肌肉。

● 在做美人鱼式或旋体拉锯练习时，将健身球置于手部下方，有助于增加活动度、提高柔韧性。

● 在做侧卧位练习和超越卷动练习时，将健身球夹在脚踝之间，有助于进一步提高稳定性。

大健身球

- 在做第 107 页的桥式练习时，把脚放在健身球上，同时保持健身球的稳定，有助于加强腘绳肌和臀部肌肉的锻炼。

- 在桥式练习结束时，可以在保持髋部高度的同时将健身球推离身体，以进一步锻炼腘绳肌。

- 在做俯卧位的拉伸运动时（如天鹅式），可以将健身球置于身体下方，以在保持核心支撑的同时强化中上部胸椎。

- 在做跪姿练习时，将健身球放在身体一侧，与髋部在同一条直线上。侧屈时使用健身球作为支撑。

- 做俯卧撑时，将健身球置于小腿下方，以增加动作难度。健身球越接近脚踝，难度就越大。这是一项增加难度的练习，因此需要在确保自己有能力做到并且能保持身体正确对齐的情况下，才能做这项练习。

下一章预览

在练习了普拉提之后，你会发现本书中的其他练习都变得更加顺畅和易于进行。记住，你的呼吸对于高质量的运动至关重要。第 6 章将介绍使用药球和阻力带练习，同样记住要运用普拉提原则来提高你的运动质量，并优化训练效果。

6 | 药球和阻力带
练习

抗阻训练不仅限于哑铃和杠铃训练；根据训练课程的目标，它还可以包含药球和阻力带训练。我们指导的运动员经常会在同一天内使用阻力带、药球、哑铃和杠铃来进行全方位的运动训练。

抗阻训练工具和七大分支

正如第 1 章中所述，我们训练的七大分支包括力量、柔韧性、灵活性、稳定性、爆发力、速度和敏捷性。要在这些方面取得最大的成功，不仅需要一定的运动基础，还需要适当的工具来作为训练辅助。训练力量和柔韧性的辅助工具有许多种，但很多流行的"最新式、最好用"的辅助工具都是不必要的。人们会不时地发明出一些帮助提升运动表现的新型工具，并不是说它们没有用，而是大多数人只需要几样辅助工具就可以得到很好的锻炼。本章将介绍使用药球和阻力带的基本练习，这些练习有助于增强练习普拉提时的力量。

药球与普拉提

练习普拉提可以增强核心力量，增强身体意识、柔韧性和耐力。使用药球进行普拉提练习的好处就是能够锻炼到这些素质。药球和阻力带可以在不同的平面上使用，因此你可以更轻松地创造流畅的运动模式。没有任何一项运动是只在一个平面上进行的，所以我们在对运动员进行训练时，发现了药球训练的重要性。

为什么要使用药球

药球已经存在了多个世纪，它可能是除了石块之外最古老的训练工具之一。我们听说过角斗士在训练中使用药球的故事，而且据说美国陆军军官学院 200 多年来一直在训练中使用药球。

即使过了这么多年，药球仍然是最简单易用、最有效的训练工具之一。药球训练当中的许多自由运动模拟了实际体育运动的模式，而且药球与哑铃和壶铃不同，它可以进行抛接。

什么是药球

不要把药球和大号健身球混淆，药球是一种实心球，其重量范围为 1 ~ 100 磅（0.45 ~ 45.36 千克）。它的大小从葡萄柚大小到沙滩排球大小不等，质地也分光滑和凹凸不平等许多种。

当你把空心球扔到墙上时，它会反弹回来，这种球适合于锻炼你的反应速度。而表面光滑的实心球在撞墙之后则不会反弹，它的内部没有空隙，更适合用于力量练习。

药球的好处

总之，使用药球最大的好处就是能增强力量。药球用于抛接球练习时，可以增强爆发力，这对所有的运动员都至关重要。药球可以直接反映出你的力量和爆发力。药球练习还可以增加身体柔韧性，并有助于强化你的能量轴心。

使用药球进行训练将改善心血管健康，增加肌肉耐力和力量，提高速度和爆发力，从而对你的运动表现产生积极影响。在你每周的训练方案中加入一些药球练习，将使你的训练模式更加完善，从而为你在赛场上的运动做足准备。记住，在你的训练中，细节才是最重要的。药球训练是提高成功概率最简单的方法之一，它可以帮助你在多个平面上进行训练，而不是只停留在某一个线性平面上。不同的运动之间都存在着差异，它们所需的动作模式也不同。药球训练将多方位地锻炼你的身体。

药球的选择

选择药球时，首先要确定你需要的弹性。然后选择适当重量的药球，以既能使你得到锻炼，又不会改变你的动作模式为准。很少有运动员需要使用重量超过 6 磅（约 2.72 千克）的药球。记住，你的目标是激活身体的稳定肌肉（辅助肌肉）。

除了选用较重的药球以外，你还可以通过以下方法来提高力量并改善效果。

1. 增加运动的复杂性。
2. 提高运动的速度和强度。
3. 提高加速度，以进行更大强度的投掷。
4. 增加重复次数或（和）减少组与组之间的休息时长，以增加单个练习和整个训练的强度。

教练技巧

药球抗阻训练的重点是激活辅助肌肉。我们的目标是让辅助肌肉发挥作用并提供稳定性，避免只依靠大肌肉进行运动。出于这个原因，我们通常将药球的重量限制在 8 磅（约 3.63 千克）以内，对足球运动员也是如此。

1995 年，我首次在芝加哥公牛队实习，主要负责指导药球训练。当时，主教练艾尔·韦尔梅伊要求年轻运动员们在完成专项训练后来到贝托训练中心（芝加哥公牛队的前训练场地）。这些年轻运动员都想要变得更优秀，他们来参加力量训练和速度训练，很多人的年龄都很小。与我合作的第一位运动员是扎克（Zach）。扎克需要减掉几千克的重量，建立力量基础。每天我都会让他做同样的药球训练。在训练的第一天，扎克没有空间意识，几乎无法完成一个深蹲。而在 60 天之后，他不仅能够很好地完成整个训练循环，还可以在每次掷球期间以 75% 的速度完成 50 码（45.72 米）的节奏跑。他减掉了婴儿肥。之后我为他增加了额外的挑战，他开始在平衡板上做深蹲，并且能保持稳定。他不仅能做出非常标准的深蹲，还能在平衡板上保持良好的平衡。这对于他来说是一个巨大的进步。他最初的目标仅仅是完成药球深蹲，他没想到自己能够在如此短的时间内在平衡板上保持稳定。这是扎克成长过程中的第一步，后来他在高中时成了一名优秀的足球运动员。

药球练习

药球练习可以提高运动能力、增强力量，并可以从多个平面对运动员进行训练。运动员可以采用两种方法做药球练习：（1）站在原地，连续完成每个动作。（2）在完成一个动作后，抛球，往返跑20码（约18.29米），捡回药球，再做下一个动作。第2种方法提供了强度更大的训练，并且能够在不改变整体目标的情况下变化练习方式。

本章包含4套药球练习：2套站姿练习，1套仰卧练习和1套俯卧练习。在做药球练习时，应先从直立动作开始，重点是涉及大肌群的复合动作。其中一些练习是全身性练习。在完成站姿练习后，再进行地面式练习。

通常，每项练习应完成20次重复，左右两侧各重复10次。你需要根据自身的体能水平，完成至少2轮4套完整的练习。你也可以做10轮练习，根据需要调整休息时间。

如果需要修改训练方案，你可以从下列每套练习中选择5~6个练习进行训练。在选择其他练习的前几周，你需要先坚持进行这些练习。当你掌握了这些练习之后，再尝试将这几套练习完整地做一遍（所有4套练习）。如果你能顺利完成1轮练习，那么你就可以逐渐增加次数，直到你能完成10轮全套练习为止。

第1套：站姿练习

第1套站姿练习包含了全身性的综合运动。综合运动需要运用多个关节和肌群，能够有效地锻炼全身。例如，以下站姿练习中的深蹲，就需要用到下半身的股四头肌、腘绳肌和臀肌，其他练习则需要用到上半身的三角肌、背阔肌和核心肌群。除了激活这些肌群以外，心血管也会在运动中随着心率的提高而得到锻炼。

药球环绕

药球环绕是第一项练习，它是一项多平面的运动。它可以锻炼到全身、提高心率，为接下来的运动做准备。

练习方法

1. 开始时，双脚分开略比肩宽，双臂伸直，将药球举过头顶（a）。
2. 将药球顺时针向下环绕，画一个大圈后回到最高点。左右两侧到达的最远点与肩同宽（b）。
3. 到达这个动作的最低点时，处于下蹲姿势，药球在靠近小腿或脚踝的位置，重量平均分布在双脚和双腿上（c）。
4. 重复 10 次后，逆时针做环绕运动。

重复次数

重复 20 次。你可以在变换方向之前确定每侧要重复多少次；我们建议每个方向做 10 次，20 次动作作为一组。

药球伐木者

这是一项上下直线进行的运动。在此运动过程中，你将在下蹲姿势和站立姿势之间来回切换，因此你的腿部和臀部将得到持续的锻炼。除了下半身以外，反复举起、放下药球的动作还会锻炼到你的肩部、背部和核心部位。在做这项练习时，要保持脊柱中立和核心收紧。

练习方法

1. 开始时，双脚分开略比肩宽，双臂伸直，将药球举过头顶（a）。
2. 身体向下蹲，将药球放低至两腿中间靠近地面的位置。胸部上抬，背部挺直，髋部向后坐，使臀部在脚跟后面（b）。
3. 双脚向下用力，恢复站立姿势，将药球举过头顶。

重复次数

重复 20 次。

药球侧举

这项练习包含了深蹲，同时也包含了上半身拉伸。它可以有效地拉伸运动员的腰大肌和腰方肌。

练习方法

1. 以蹲姿开始，手臂伸直，使药球位于两腿中间（a）。
2. 起身站直，尽可能高地将药球举过你的左肩，然后将药球和身体移回起始姿势，两侧交替重复这个动作。在将药球举到一定的高度时，通过旋转身体来实现完全伸展（b）。这个动作可以有效地拉伸腰大肌。
3. 单侧重复一定的次数，然后换边练习。或者两侧交替进行重复。

重复次数

每侧重复 10 次。

使用药球做深蹲、反向弓步和前弓步可以增强自重训练的效果，因为你必须运用额外的肌肉来增加核心稳定性和平衡能力。以下站姿练习是相互关联的，药球的位置在每项练习中都是相同的。

药球深蹲

深蹲是锻炼综合力量最基础的动作，因此它是每个教练与运动员的训练方案中必不可少的练习。我们对年轻运动员采用的是以下着重于锻炼臀部肌肉的药球深蹲练习。

练习方法

1. 双手抱药球于胸前。双脚并拢或略宽于髋（a）。向下蹲至最低点（b）。
2. 下蹲时，髋部稍向后坐，用臀肌发力（而不是股四头肌）。
3. 臀肌用力，回到站立姿势。
4. 如果要增加动作难度，你可以在下蹲时把药球向前推，站起时再将药球拉回胸前。

重复次数

重复 20 次。

药球反向弓步

药球反向弓步能够很好地锻炼下半身，同时可以有效地提升体育运动所需的速度和爆发力。你可以把药球反向弓步看作一项体育类练习。当你将后腿恢复到站立姿势时，你应该能感觉到你前腿的臀肌和腘绳肌在发力。当你处于全弓步姿势时，你应该能感觉到后腿的股四头肌有拉伸感。

练习方法

1. 双手抱药球于胸前（a），右腿向后退一大步，形成最大程度的弓步姿势。
2. 处于弓步姿势时，要确保你的前侧膝关节在脚踝的正上方，后膝略微屈曲，以便进行全方位的运动。
3. 屈曲后侧膝关节，使之到达即将接触地面的位置（b），然后抬起后腿，恢复起始姿势。
4. 整个动作过程中保持抬头挺胸。

重复次数

右侧重复 10 次，然后换左侧重复 10 次。或者左右腿交替重复 20 次。

变式

如果要增加动作难度，你可以在保持反向弓步姿势的同时，将药球从胸前举过头顶。在你完全掌握基础动作之后，方可增加动作难度。

药球前弓步

药球前弓步是一项单侧练习，练习者需要稳定并独立使用单侧腿。这项练习可以加强臀肌带动膝关节运动的能力。处于弓步姿势时，膝关节应保持稳定。体育运动能否成功往往取决于运动员减速能力的高低，因此一定要保持对身体重量的控制（减速），并注重发展稳定性。

练习方法

1. 双手抱药球于胸前（a），向前迈出一大步，形成弓步姿势。
2. 屈曲后侧膝关节，使之到达即将接触地面的位置（b），然后前脚脚跟用力，抬起后腿，恢复起始姿势。
3. 整个动作过程中保持抬头挺胸。

重复次数

右侧重复 10 次，然后换左侧重复 10 次。或者左右腿交替重复 20 次。

药球前抛

药球前抛练习不仅能锻炼上半身的力量，还能提高爆发力、速度和控制能力。运动员应能接住从墙上弹回来的球（在接球时保持对球的控制）。

练习方法

1. 以运动准备姿势开始，双手抱药球于胸前，正对墙面。双脚分开略宽于髋，双腿略微屈曲。站在距离墙面2英尺（约0.61米）的位置，可根据体形、手臂的长度和抛球的力量做出调整（a）。
2. 通过稳定下背部和收缩腹部来激活核心。
3. 将药球抛至与胸部同高的墙面上，在药球弹回时接住它（b）。
4. 接住药球后，再将它抛向墙面。

重复次数

重复20次。

第2套：站姿练习

将以下3项练习作为一整套动作来进行，每完成一轮后根据需要进行休息，共完成5轮。以你最快的速度完成，但要保证动作模式正确。将你的总锻炼时长记录下来。你可以在常规负重训练结束后做这项练习，也可以单独做这项练习。随着你对这套练习动作熟练程度的增加，你所需的时间也会相应减少。但你应当控制你的完成时间，以保证动作标准，而不应一味地追求速度。

这套练习非常适合旋转类运动的运动员，特别是网球、棒球、垒球和高尔夫球运动员。对于"单侧运动"的运动员来说，发展对称的力量基础是很重要的。在药球练习中，运动员可以自由地在多个平面上进行单侧运动。

药球下砸

这项练习锻炼背阔肌和核心肌肉，强化力量和爆发力。这些对于所有运动员来说都是必要的，特别是旋转类运动的运动员。

练习方法

1. 双脚分开略宽于肩，双手持药球置于头顶上方。

2. 核心收紧，将药球举过头顶，直到腹部肌肉产生拉伸感，但不要向后弯曲（过度伸展）（a）。

3. 尽力将药球砸向地面（b），反弹时接住药球。

重复次数

重复 20 次。

药球转身投掷

　　药球转身投掷与所有旋转类练习一样，锻炼多方向运动的能力，并能提升速度和协调能力。

练习方法

1. 以转身站立姿势开始，双脚距离略宽于髋（想象棒球运动员的击球姿势），双手抱球。你的右侧距离墙面约 2 英尺（约 0.61 米）。将双手手掌置于药球下方可以最大限度地旋转。

2. 先将躯干向左旋转，直到你的核心部位产生拉伸感（a），然后用力将药球投掷到墙面上（b）。

3. 不要旋转或移动你的脚。从脊柱开始运动，而不是从髋部开始运动。

4. 接球后重复投掷动作，不要让药球落地。

重复次数

每侧各完成 10 次投掷，共 3 组，每组 20 次。

药球对墙投掷

这项练习可以训练爆发力和控制能力。你每次做掷球动作时，都会用到股四头肌、臀肌、腘绳肌和小腿肌肉。并且在做这项练习时，你每次都需要将药球投掷到墙面上的同一个位置，这将训练你的控制能力。

练习方法

1. 站在距离墙面 12 英寸（30.48 厘米）的位置，双手抱药球于胸前。双脚分开与髋同宽。略微屈膝，脊柱伸直，核心收紧（a）。

2. 身体往下蹲，站起时将药球投掷到与胸部同高的墙面上（b）。不要接球，让它自然下落。以上就是一次重复。使药球保持在胸部的高度，你在每次下蹲和站起时，都需要将药球投掷到相同的位置。

重复次数

完成 20 次重复。

第 3 套：仰卧练习

接下来是仰卧位的核心练习。使用药球做这些练习可以使运动员学会如何控制运动，避免做出收不回来的动作。在做这些练习时，重点是要在每次运动中保持正确的动作方式，练习者不应该有甩球的感觉。药球额外的重量还会加强手臂、肩部、胸部和背部肌肉的锻炼。

药球斜举

这项练习可以锻炼腹斜肌。首先抬起整个上半身，将药球从一侧肩部斜上方移动到双腿之间，然后再将其移动到另一侧肩部的斜上方。这个动作需要一定的控制能力和强大的肩部力量以及核心力量。

练习方法

1. 仰卧，略微屈膝，双腿分开与髋同宽。
2. 脚跟压在地面上，勾脚，使双脚背屈。
3. 将药球举到右肩的斜上方，靠近耳朵。双手抱球，双臂同时伸向一侧。药球可以接触地面，也可以略高于地面（a）。当你举起药球并将其移向双腿之间时，伸直手臂。肘部可以放松，但手臂要基本保持平直。
4. 呼气，坐起来，将药球轻轻置于双腿之间的地面上（b）。
5. 回到起始姿势，仰卧在地面上。整个运动过程中保持核心收紧。
6. 左侧和右侧交替进行。

重复次数

每侧重复 10 次。

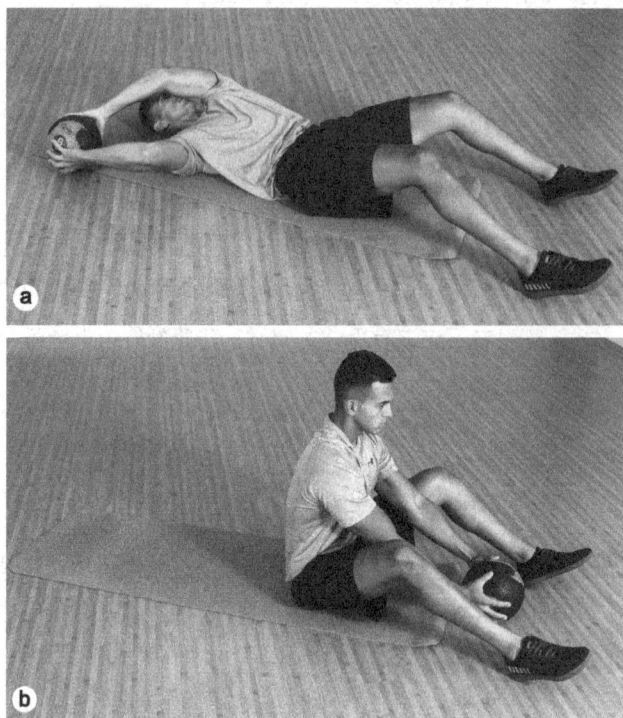

药球卷腹

相较于常规卷腹练习，药球卷腹练习可以增加挑战性，并锻炼其他的肌肉。在做这项练习时，需要使用 6 ~ 8 磅（2.72 ~ 3.63 千克）的药球。

练习方法

1. 仰卧，双臂伸直，将药球举到胸部上方。屈膝，双脚分开与髋同宽，脚跟压在地面上。勾脚，使双脚背屈。在卷腹过程中，你的下半身应保持稳定（a）。
2. 向上卷腹，使背部抬离垫面。眼睛看向大腿，下巴下面留一个拳头的空间（b）。

重复次数

重复 20 次。

提示

这项练习是卷腹练习，而不是完整的仰卧起坐练习，因此不需要坐直。

药球侧击

药球侧击需要用到所有的腹部肌肉，包括腹直肌和腹斜肌，当你将双腿轻微抬离地面时，你的腹横肌也会发力。这项练习主要是由核心肌群带动运动，而非由髋屈肌和股四头肌带动运动。

练习方法

1. 保持坐姿，屈膝，将脚跟压在地面上，脚部背屈。或者把脚抬高大约 6 英寸（15.24 厘米），同时双脚或脚踝分开。双手抱药球于胸前。

2. 核心肌肉用力，双腿稍微向后收，使上半身和腿部成 45 度角。

3. 身体向一侧旋转，用药球轻击地面，就像你要把药球放进后袋里一样。两侧交替做这个动作（a 和 b）。

重复次数

每侧重复 10 次。

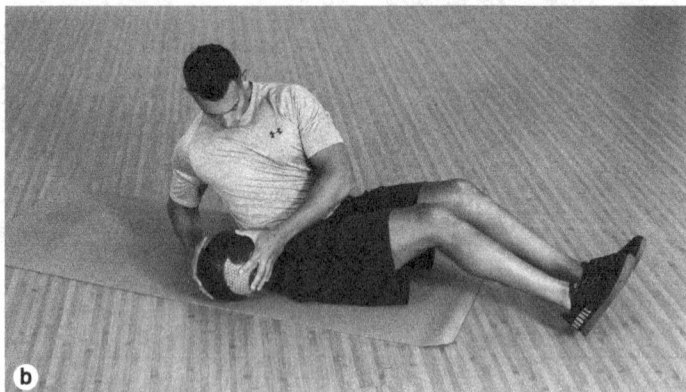

第 4 套：俯卧练习

俯卧位的药球练习可以锻炼你的中上部胸肌，提高你的伸展能力。这些练习对于需要前拉和旋转身体的体育运动来说，是非常理想的平衡练习。它还能够提高中背部和上背部的力量和柔韧性，这对于所有运动员来说都是颇有益处的。

超人式——药球左右摆动

俯卧位的拉伸练习需要用到中部胸肌的力量和柔韧性。药球的重量可以增加动作的挑战性，并锻炼到肩部和上背部肌肉。保持正确的肩部姿势可以防止过度使用斜方肌。

练习方法

1. 俯卧，双手抱球并向前伸展，双腿向后伸展。收紧腹部，髋部紧贴地面，尾骨向脚跟方向伸展（a）。

2. 吸气时准备，呼气时将胸部抬离地面，直到你的中背部有发力的感觉。吸气时准备，呼气时将双腿上抬 4 ~ 6 英寸（10.16 ~ 15.24 厘米）。保持核心收紧，髋部紧贴地面（b）。

3. 将药球从一侧摆动到另一侧，同时保持中上部胸肌（而不是腰肌或下腰肌）收缩。

重复次数

左右摆动 20 次。

提示

- 这个动作看起来像超人的姿势，在保持这个姿势的同时左右摆动药球。
- 吸气时准备，呼气时运动。

药球平板支撑

药球平板支撑可以有效地提高核心稳定性，同时能锻炼胸部、肩部、上背部、臀部和腿部的肌肉。每次平板支撑至少保持 30 秒。

练习方法

先做出平板支撑的姿势，双脚与髋同宽，脚趾踩地，脚跟向后。单手按压药球，保持手和手腕在肩部下方。另一侧的手腕、肘部和肩部成一条直线（a）。

重复次数

一侧保持 30 秒后，用另一侧手臂按压药球，再保持 30 秒。

提示

如果要增加动作难度，可以按照以下方法进行训练。

1. 双脚并拢，以减小支撑范围（b）。
2. 单腿抬起至骨盆高度，保持 15 ~ 30 秒，换另一条腿。

药球单臂俯卧撑

俯卧撑练习可以锻炼到多个肌群。你可以通过变换标准俯卧撑和半俯卧撑姿势，或调整手部的位置，来改变锻炼到的肌肉。在做俯卧撑时，单手按压药球会增加不稳定性，因此需要进一步用到胸部、肩部和核心部位的肌肉来保持动作姿势正确。

练习方法

1. 单手按压药球，保持俯卧撑姿势，确保另一侧手臂的手腕、肘部和肩部成一条直线（a）。药球应处于略靠外侧的位置，以提供更多的空间做俯身运动。

2. 胸部下压（b），然后撑起。在最高点将药球以滚动的方式传给另一只手。

重复次数

每侧重复 5 次。

变式

增加动作难度的方法是做爆发式俯卧撑，即每次撑起后双手离地，在手不落地的情况下完成传球，然后做下一次俯卧撑。

在做完以上几套药球练习后，你就已经完成 16 项练习和 300 多次重复。你也可以根据需要调整练习的次数。

阻力带与普拉提

阻力带能够有效地增加肌肉力量，促进肌肉生长，但它在力量训练中的效果却常常被忽视。很多人喜欢使用沉重的杠铃和哑铃进行训练，然而，阻力带也是非常重要的训练工具之一。它能通过从多个方向产生阻力来锻炼肌肉，因此仅使用一根阻力带就能锻炼到你全身的肌肉。在使用阻力带进行练习时，每个动作结束后都会产生离心拉力。这种离心拉力能够锻炼你的减速能力和控制能力。

阻力带的好处

阻力带训练最大的好处之一是，它可以帮助你进行全方位的运动，锻炼身体多个部位的肌肉，从而达到自由重量训练无法达到的锻炼目的。这使你可以进行更多的控制性运动，保持肌肉的持续收缩，同时注重动作的向心阶段和离心阶段。此外，阻力带重量小、轻巧便携，可以让你不需要去健身房就能完成各种抗阻训练。

阻力带的选择

选择合适的阻力带和选择合适的哑铃一样重要。无论做哪项练习，你都应该能以规范的动作完成 10 次重复，在重复 10 次后，你应该能感觉到你的肌肉在锻炼后的疲劳。如果你的动作完成得很轻松，那么你就需要选择阻力更大的阻力带。

　　每个品牌的阻力带都略有不同。通常，不同的颜色代表不同的阻力大小。BEYOND MOTION®使用的是 Slastix 牌阻力带。每根阻力带的两端都有塑料手柄，且弹力绳上都有保护套包裹。各颜色所对应的阻力如下：黄色为轻阻力，红色为中等阻力，蓝色为重阻力，绿色为加重阻力。对于身高超过 6 英尺（约 1.83 米）的运动员，部分练习可能需要使用更长的阻力带，以保持合适的动作方式和活动度。

　　你可以通过以下方法来增加力量训练的难度。

1. 使用阻力较大的阻力带。
2. 一次使用两根阻力带，以得到你所需要的阻力。
3. 双脚踩在阻力带上时，双脚分开使距离更宽，以加大阻力。
4. 改变训练的重点：减轻阻力并以更快的速度进行运动，以训练耐力和控制能力。

阻力带练习

　　针对运动员的训练侧重于改善整体运动模式，而不是训练单个肌群。阻力带练习的多功能性使得运动员能够通过使用不同程度的阻力来模拟他们在专项运动

里克的经验

　　随着教学经验的积累，我的一些方法也发生了改变。我做出的最大改变就是在运动员的非负重训练期间安排他们进行阻力带训练。这样能够帮助运动员改善姿势，并锻炼有助于运动的小肌肉。我们还可以通过调整训练量来测试运动员的心血管能力。阻力带训练让运动员脱离了舒适区，他们喜欢这种训练带来的变化。虽然一开始他们可能会为每次练习的重复次数太多而感到担忧，但他们完成锻炼后，就会喜欢上这种锻炼带来的良好感觉。他们会产生一定的疲劳感，但不会有太大的肌肉负担。

　　由于阻力带对于关节的压力比哑铃对关节的压力更小，所以这种类型的训练对于赛季中的运动员来说也是十分理想的。例如，在做深蹲或分腿蹲时，使用阻力带增加阻力可以提高运动员的深蹲程度和活动度。为常规的体能训练添加一些变化有助于锻炼其他的身体肌肉。在负荷下进行锻炼时，代偿和不稳定因素可能会导致动作模式扭曲。因此，用阻力带做相同的练习可以纠正运动员的动作模式：它能使身体对正确的动作产生记忆，并有助于提高稳定性。

中的动作模式。此外，阻力带在损伤预防和运动恢复方面也发挥着重要作用。运动员可以将这些训练纳入休赛期的训练方案中，以帮助身体进行运动恢复和肌肉再生。

在使用阻力带进行力量训练或常规训练时，选择合适的阻力是非常重要的。阻力带通常分为绳状和环状两种类型。绳状阻力带有手柄，是以下力量练习的理想选择。

阻力带深蹲

在做自重深蹲时，使用阻力带会增加站起时的难度。你在对抗阻力的同时应保持更垂直的姿势。你可以将双腿分开得更宽，或使用阻力更大的阻力带来增加阻力。

练习方法

1. 双脚分开与肩同宽，并踩在阻力带上。
2. 将阻力带的手柄拉至肩部上方，掌心向前（阻力带应位于手臂后侧，而不是身体前侧）（a）。

3. 向下蹲，保持手柄在肩部上方（b）。

4. 回到起始姿势。

重复次数

重复 20 次。

阻力带分腿蹲

与深蹲一样，在做自重分腿蹲时，使用阻力带会增加站起时的难度。

练习方法

1. 双脚分开与髋同宽，左脚踩住阻力带。右脚向后迈大约 2 英尺（约 0.61 米），双脚保持平衡。头部和背部挺直，处于中立位（a）。

2. 屈曲左侧髋部和膝关节，使身体下移呈弓步姿势，前侧大腿与地面平行，后侧膝关节尽可能地靠近地面。身体应垂直向下移动（b）。

3. 回到起始姿势。

重复次数

每条腿做 4 组，每组重复 10 次。

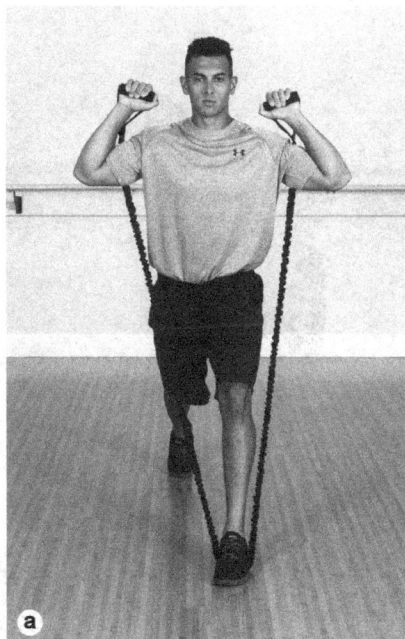

阻力带俯身划船

阻力带俯身划船能够锻炼背阔肌和中下部胸椎，增强核心肌肉，它也有助于强化肱二头肌。使用阻力带的优势在于，你能在保持身体姿势的同时，通过调整手和手臂的位置以及肘部的高度，创造出不同的动作。这项练习是我们最常做的练习之一，也是最有效的肩胛训练方式之一，可以在减轻负荷的同时使全身参与运动。

练习方法

1. 双脚至少分开至与髋同宽，用足弓踩在阻力带上。握住手柄或者手柄下方，将阻力带交叉成 X 形。
2. 上半身向前倾斜 45 度。颈部伸直，眼睛向下看，肩部放松并朝远离耳朵的方向下沉（a）。
3. 将阻力带拉向腰部，肘部后移的同时注意不要向外打开。在做划船动作时，肩胛要保持收紧和下沉（b）。

重复次数

每组重复 20 次，做 4 组。

提示

你可以通过握住手柄下方，或将双脚分开得更宽来增加阻力。

阻力带伐木者

　　使用阻力带做这项练习可以增加你在做拉伸动作时的阻力，并减轻回到起始姿势时的阻力。你可以通过改变脚部的位置来增大或减小阻力。阻力带还能够帮助你更安全地保持动作的节奏，避免做出爆发式动作。阻力带伐木者练习可以同时锻炼到多处肌肉。在做这项练习时，你的肩肌、腹肌、腹斜肌、臀肌、股四头肌、下背部肌肉、上背部肌肉、腘绳肌、外展肌和内收肌都处于激活状态。它对于任何人来说都是一项很好的练习，尤其是旋转类运动的运动员。

练习方法

1. 双脚分开与髋同宽，左脚踩在阻力带上小于一半长度的位置。一端手柄位于靠近左脚的地面上。双手握住另一端手柄（或手柄下方）。
2. 身体向下蹲，将你握住的手柄伸向右脚踝（a）。站起时，将手柄朝左肩方向拉，使阻力带在你的身体前方形成一条对角线（b）。

3. 在这个动作中，你的双脚是保持不动的，你可以通过躯干进行旋转。

4. 回到起始姿势，然后重复这个动作。

重复次数

做 4 组，每组重复 10 次，两侧交替进行。

阻力带高位上拉

使用阻力带做这项练习可以在不挤压肩胛带的同时锻炼到菱形肌和背阔肌。在动作的离心阶段，采用的是收缩阻力带的方式而不是移动重物的方式，因此这项练习做起来更加轻松，在简化动作的同时也具有很大的挑战性。

练习方法

1. 双脚分开与髋同宽，并踩在阻力带上。略微屈膝。

2. 将阻力带交叉，使其呈 X 形，握住手柄或手柄下方（增加阻力）。你的双臂应垂于大腿前侧，掌心朝向身体（a）。

3. 肘部上拉，使双手移至肩部两端，双手与肩部同高，肩胛骨向内收紧。颈部和斜方肌保持放松（b）。

4. 回到起始姿势。当你将肘部上拉并向两侧打开时，肩胛骨要向内收紧，肘部基本与三角肌中束对齐。

重复次数

重复 20 次。

阻力带肱二头肌弯举

在整个练习过程中保持动作流畅，控制收缩动作。感受上下运动时的阻力。

练习方法

1. 双脚分开与肩同宽，用足弓踩在阻力带上。如果要减轻阻力，可以将一只脚踩在阻力带的中间位置。

2. 掌心朝上握住手柄。双臂摆放在身体两侧，肘部紧贴身体。在整个练习过程中保持肘部紧贴身体（a）。

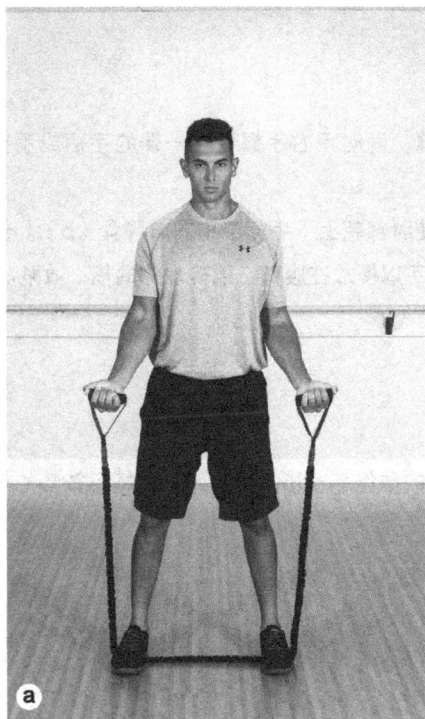

3. 屈肘，将阻力带上拉至肩部高度。双手不需要碰到肩部（b）。

4. 有控制地回到起始姿势。

5. 两侧阻力带的长度越短，难度就越大。

重复次数

做 4 组，每组做 20 次弯举。你也可以每侧各做 20 次，重复 4 组。

提示

- 在整个运动过程中，保持背部和头部挺直，同时保持核心肌肉收紧。
- 只屈肘，保持肩部稳定，避免斜方肌用力。

变式

- 单侧练习时，交替屈肘，每侧重复 10 次。
- 掌心朝下握住阻力带，进行反向弯举。

阻力带肱三头肌拉伸

这是一项独立的练习：运动仅发生在一个关节处，并仅针对一个肌群，你将专注于肱三头肌的锻炼。

练习方法

1. 将阻力带放在地上，踩住它的一端，同时用右手握住另一端的手柄或手柄下方。

2. 单臂向上伸直（a），然后屈肘，使肘部朝上，手朝下指向肩胛骨（b）。你的另一只手可以放在身体一侧，也可以横放在腹部，以确保你的核心收紧。

3. 伸展肘部，直到手臂完全伸直。

4. 有控制地回到起始姿势。

重复次数

做 4 组，每组重复 20 次。另一侧手臂的动作与上述步骤相同。此练习锻炼的是伸直手臂的肱三头肌。

提示

- 站直,保持肩部放松。
- 如果你有冻结肩,你将无法完成这个姿势。在灵活性欠佳的情况下,你可以缩小或改变活动度。斜方肌和胸肌越紧绷,肘部直接朝上至屈曲90度角的可能性就越小,但你要将此作为你的训练目标。

阻力带胸前推

这项练习可以增强手臂和胸部的肌肉。

练习方法

1. 双脚分开与髋同宽。将阻力带由前到后缠绕在胸部稍下的位置,双手握住手柄,放在身体前侧与胸部同高的位置,拇指靠近腋窝,双肘朝向地面(a)。
2. 呼气时将手柄向前推(b)。
3. 有控制地回到起始姿势。

重复次数

重复 20 次。

变式

你可以左右两侧同时做这项练习，也可以单侧分开做（每次做一侧）。

以下练习对于自行车运动员、铁人三项运动员、田径运动员和游泳运动员来说都是非常合适的练习。它们可以消除由胸肌紧绷、背肌无力、圆肩和驼背导致的身体被前拉的感觉。这些练习能够有效地锻炼上背部肌肉，伸展胸部并改善姿势。

阻力带飞鸟式

阻力带飞鸟式练习能锻炼上背部和肩部。这是一项非常好的练习，它不仅可以增强力量，还能改善姿势，增强身体意识。

练习方法

1. 双脚分开与髋同宽。把阻力带绕在手上，以增加阻力。双手向两侧打开。
2. 双臂在身体前方伸直，并保持在肩部高度（a）。将双臂向两侧打开，拉伸阻力带，使肩胛骨向内收，胸部伸展（b）。
3. 手臂回到起始姿势，但不要放松阻力带。要始终保持一定的阻力。

重复次数

做 4 组，每组重复 20 次。

提示

保持肩部放松，双臂伸直；如果无法伸直双臂，请更换一条阻力更小的阻力带。

阻力带肩胛内收

这项练习可以强化肩部和背部的肌肉。你可以把它看作肩胛骨的内收运动。肩胛内收练习通常用于预防和修复肩袖损伤，它适合于各个年龄段的运动员。

练习方法

1. 双脚分开与髋同宽。双手握住手柄，把阻力带绕在手上，以增加阻力。
2. 双手举过头顶，使双臂位于身体前侧（a）。
3. 保持肘部伸直，将双臂打开，内收肩胛骨，感受肩胛骨之间的挤压感（b）。
4. 有控制地回到起始姿势，此时肩胛骨处于中立位。动作开始时，肩胛骨会自然内收。

重复次数

做 4 组，每组重复 20 次。

提示

在运动过程中要保持躯干挺直，抬头，肩部放松。斜方肌不是主要的发力部位，这项练习主要锻炼的是你的菱形肌，并帮助你伸展胸部。

阻力带过头推

这项练习可以增强肩部肌肉、增强身体的稳定性。上推阻力带时，用肩部肌肉或三角肌来对抗阻力。

练习方法

1. 双脚踩在阻力带上，并分开与髋同宽。
2. 将一端手柄拉至肩部上方，肘部屈曲至90度（a）。
3. 手臂垂直向上推，保持肩部下沉（b）。缓慢地将手柄下放，回到起始姿势。

重复次数

做 4 组，每组重复 10 次。另一侧手臂的动作与上述步骤相同。

提示

- 保持腹部收紧，略微屈膝。
- 如果阻力带阻力太大，使你无法完全伸直手臂，你可以单脚踩在阻力带上，以增加阻力带的长度。

阻力带坐姿划船

阻力带坐姿划船可以锻炼你的中背部和上背部肌肉。在做这项练习时，你需要用到包括背阔肌、菱形肌、中下斜方肌在内的大部分背部肌肉。

练习方法

1. 坐在地面上，双腿在身体前方略微屈曲。
2. 将阻力带绕在你的足弓上，使之以 X 形交叉，双手各握一只手柄。
3. 双臂朝脚趾方向伸直（a）。
4. 屈肘，向后拉动手臂，直至双手到达胸部位置（b）。
5. 回到起始姿势。

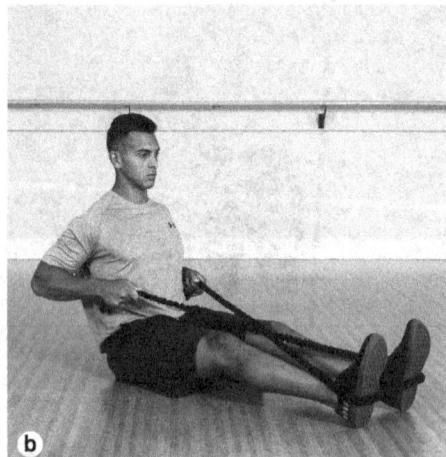

重复次数

做 4 组，每组重复 20 次。

变式

你可以按照以下两种方法做这项练习。

- 握住手柄时掌心相对，当你在做后拉动作时，使肘部到达肋骨下方。
- 握住手柄时，掌心朝向地面。

阻力带俯卧撑

俯卧撑是一项很好的自重练习，它可以强化上半身的所有肌肉。阻力带在这项练习中最大的好处是增加俯卧撑的难度。

练习方法

1. 将阻力带绕在背上，使左右两端长度一致，双手握手柄于身体前侧。
2. 双手各握一端手柄，身体下压。在做这个动作时，双手应平放在地面上，在最低点时阻力带应是绷紧的（a）。

3. 身体向上推，直到你的手臂完全伸直（b），然后慢慢地回到起始姿势。

重复次数

做 4 组，每组重复 10 次。

————————————

在第一个训练周期使用药球和阻力带可以有效地评估训练进度。由于这两种工具的重量较小，所以你更容易发现你在做哪些练习时存在不足。我们的工作就是根据评估结果指导运动员的训练，以改善他们的运动表现。这是运动员的训练过程中必不可少的环节。在训练的第一周使用药球和阻力带能够很好地反映出运动员在身体和精神上的局限以及优势，便于我们为运动员制定最佳的训练方案。

训练评估并不是一次性的，它是一个持续的过程。你在制定训练方案时，需要将它作为运动员的比赛规划来执行。虽然最开始的训练方案都是有固定参考的，但你在后期必须根据运动员的训练情况做出相应的调整。经验可以帮助教练培养这种能力，如果运动员的表现低于预期或超出预期，年轻的教练就应注意不要拘泥于原有的训练方案。我很早就学习到，前两周的训练课程是需要不断变化的。每个人的情况都有差异，因此你应该准备好根据运动员的需要来更改训练方案。短期的调整会带来短期的结果。你需要让运动员明白，每一天都建立在前一天的基础之上，进步是一个过程，它需要时间来实现。我总对运动员们说："我希望你们在本次训练课结束后感觉身体得到了锻炼，在感到疲劳的同时也在进步。我的工作不是消耗你们的能量，而是给你们注入能量，使你们为第二天的训练做好更好的准备。"

下一章预览

　　在你指导的运动员通过药球训练和阻力带训练打下了坚实的基础之后，你就可以指导他们进行哑铃和杠铃训练了。正如我们之前所说，每个人需要使用不同的训练方式来实现目标。因此，在你指导年轻运动员或缺乏负重训练经验的运动员时，要先给他们一些时间来学习基本动作模式，然后再进入下一阶段。这可能需要几周，也可能需要几个月。注重每个动作的规范性和效果，比注重运动员完成动作的进度更重要。

　　第7章将包含哑铃和杠铃训练的内容，哑铃和杠铃训练是发展力量以获得最佳运动成绩的有效方法。仔细地阅读第7章的每一部分，熟悉每项练习及其步骤。运动员需要以较轻的重量开始，首先了解动作模式，在熟悉了动作模式之后再增加重量。

7 | 基础力量练习

在 帮助运动员进行运动训练或损伤恢复时，我们会采用各种方法为他们安全地做好赛前准备。我们使用的两种主要器械是哑铃和杠铃。哑铃和杠铃都能有效地增强力量，并且这两种器械都具备各自的优势。运动员可以使用哑铃进行许多单侧运动（身体一侧的运动），这些运动可以增强平衡能力。哑铃还有助于运动员在锻炼稳定肌肉的同时，学习特定练习的运动模式。哑铃训练实质上是通过使用外部重量来强化运动模式的一种方式。一旦运动员适应了一定的负荷并能够控制身体、动作模式和重量，杠铃就成为进行复合运动的主要工具。杠铃是增强运动员力量和爆发力的必备工具。它能增加适当的负荷，从而创造运动员所需的力量和爆发力。

哑铃训练

哑铃可以在不同的运动平面上使用，并让你在不受限制的情况下自由活动，因此你可以使用哑铃在单个或多个平面上进行训练，包括单侧训练、交替训练和两侧同时训练。单侧训练可以纠正肌肉的不平衡和不对称。通过将哑铃与矫正训练相结合，你可以有针对性地突破身体弱项，并降低受伤的风险。

把哑铃举得离你的身体中心越远，你控制负荷所需的稳定性就越多。如果缺乏稳定性，你就无法控制负荷。在使用哑铃时，移动负荷的最远距离为一臂的长度，因此，你的控制能力取决于负荷的重量。

哑铃训练的方式有很多种，关键是要判定从何开始和怎样进阶。过早地使用太大的重量会导致身体姿势不佳，从而导致运动员受伤。所以，首先选择一个你最多可以进行 10 次重复的重量，在重复第 9 次和第 10 次时，你应该感觉在发力，但未感觉到压力。当最后一次重复变得轻松时，方可增加重量，但要确保增加重量不会影响到你的动作模式。

在运动过程中，安全是最重要的。你不仅要确保自己有能力完成训练，还要确保以一种安全有效的方式进行心理和身体上的训练。选择适合你当前技能和力量水平的工具（如阻力带、药球、哑铃、杠铃）是重要的考虑因素。理想情况下，你应该在训练时不受干扰，且没有可能妨碍你正确完成训练的其他因素。我们建议你与同伴或陪练员一起进行训练，以便他们可以根据需要帮助你减轻重量。如果在健身房时无人陪练，你可以询问健身房的工作人员是否有空，请健身房的教练帮助你完成较难的负重训练。而如果你在家单独训练，没有人辅助，那么最好保持在你自己可以完全控制的中等重量。

必要时，你可以用史密斯机代替杠铃和深蹲架。史密斯机是一种大型设备，大多数大型健身房都有这种设备，它可以支持和辅助进行杠铃训练。史密斯机的底座和侧柱能够支撑杠铃杆并帮助减轻重量。

哑铃练习

哑铃非常适合运动员的入门力量训练，因此我们首先从哑铃练习开始。哑铃练习需要稳定性、力量和精准度。运动员喜欢做一些额外的运动，而哑铃练习正是强化正确运动模式的良好方法。

哑铃深蹲

哑铃深蹲是一项入门练习，它可以为运动员提供即时的身体反馈。

练习方法

1. 双脚分开略宽于肩，脚尖略微朝外。

2. 双手各握一个哑铃。掌心朝前，肘部与胸腔对齐。确保重量落在略高于肩部的位置（而不是落在肩上）（a）。

3. 开始进行深蹲（离心阶段），髋部向后屈曲，后背压低，就像要坐在椅子上一样。

4. 保持核心收紧，胸椎稳定。尽量使哑铃和你的脊柱位于同一平面上，以防止弓背（b）。

5. 起身阶段（向心阶段）脚跟用力，使身体回到起始姿势。

重复次数

完成 10 次重复。

提示

- 双脚平放在地面上，不要踮脚。这样可以确保臀部发力，而不是股四头肌发力。
- 保持挺胸，躯干不要前倾，以免增加下背部的压力；肚脐朝脊柱方向收紧。

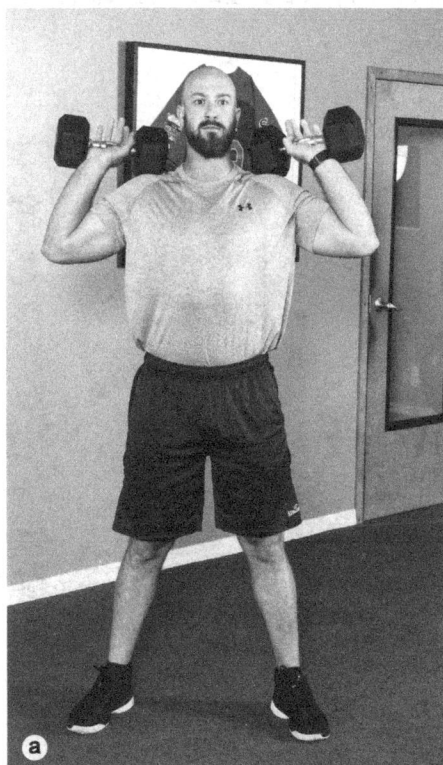

哑铃罗马尼亚硬拉

哑铃罗马尼亚硬拉需要屈曲髋部，同时挺直胸椎。你需要将中胸部完全绷紧（但不是像肌肉酸痛和紧张时的绷紧感）。这项练习也是发现身体缺陷的好方法，例如，紧绷的腘绳肌会限制罗马尼亚硬拉的活动范围。

练习方法

1. 双脚分开与髋同宽，脚尖朝前。双手握哑铃垂于大腿前侧，掌心朝向身体（a）。

2. 略微屈膝，以增加向下运动时的灵活性。在身体下压之前，先将腹部收紧。挺起背部，使之保持与胸部一致的弧度。建立胸部弧度的最佳方法是使髋部微微后翘，这样当你的躯干向前移动时，臀部就会向后移动。保持挺胸，肩部打开，感觉中上部胸椎被拉紧。当你把哑铃下放到膝关节处时，你不仅应该感觉到你的核心和中背部在发力，还应该感到腘绳肌有拉伸感。

3. 当你屈曲髋部以下压躯干时，将臀部向后移，并保持哑铃靠近腿部。想象你的身后有一面墙，以确保髋部正确运动（b）。

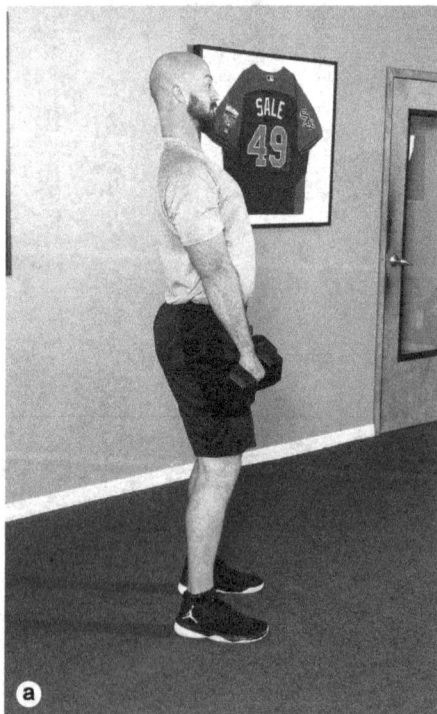

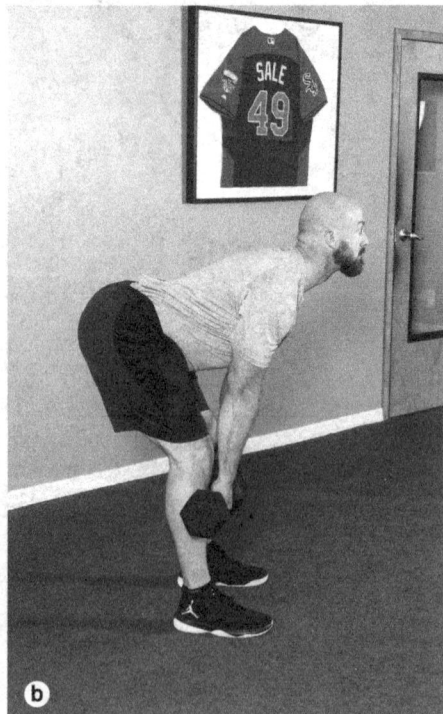

4. 慢慢地将哑铃沿着腿部向上拉，伸展髋部，回到起始姿势。站起时先将膝关节后移，不要先拉起背部，以免对下背部造成压力。

重复次数

完成 10 次重复。

提示

- 保持肩部向后，胸部伸展，以确保胸椎稳定、姿势正确。
- 目视前方，不要低头看地面。
- 如果在动作的某个位置时你开始弓背，请立即停止；该位置就是你硬拉的极限。随着你的柔韧性、灵活性和力量的增加，你的活动范围也会增加。

哑铃划船

哑铃划船非常适合于锻炼背部。在训练的早期阶段，学习肩胛骨内收很重要，它可以避免运动员在训练时使用到斜方肌。肩胛骨内收的有效方式是：将肩胛骨下压并向脊柱方向收紧。

练习方法

1. 双脚分开与髋同宽，略微屈膝。髋部屈曲约 45 度，使上半身向前倾斜。

2. 双手各握一个哑铃，手臂伸直。这项练习有3种握法：掌心向后、掌心向前或掌心相对。保持挺胸，背部肌肉收紧，且背部与胸部保持一致的弧度（a）。

3. 将哑铃向上拉至腹部，想象你的中背部和肩胛骨挤压在一起，而不是用斜方肌向上拉动（b）。

4. 保持对动作的控制，缓慢地下放哑铃，回到起始姿势。

重复次数

完成10次重复。

哑铃反向弓步

这是一项单独的臀肌练习。在这项练习中，臀肌是需要锻炼的主要肌肉，腘绳肌和股四头肌不参与运动。在练习过程中，要注意感受臀肌的发力，避免腘绳肌和股四头肌发力。

练习方法

1. 以站姿开始，双手各握一个哑铃（a），左脚向后退一大步。后退的距离应控制在你后腿的髋屈肌有拉伸感，且身体在不向前倾斜的同时能够保持平衡的范围内。

2. 压低后侧膝关节，使之到达快要接近地面的位置。保持前脚稳定不动，不要踮脚或勾脚。保持核心稳定，躯干挺直，避免弓背或身体松弛。背部挺直（b）。

重复次数

完成10次重复后，换右腿做这个动作。如果要增加动作难度，可以两侧交替进行重复。

提示

- 确保前侧膝关节不超过脚趾。
- 髋部和臀部向后下方坐，而不是垂直向下坐。
- 后脚回到起始姿势时，前脚脚跟踩地，用臀肌发力。

哑铃过头推举

这项练习可以锻炼运动员在过头推举时的稳定性。在做推举练习时，请务必确保安全和稳定。在进行任意重量的过头推举时，都要保持全身的稳定。在整个练习过程中，要确保你的双脚稳定扎实，躯干挺直，核心收紧，以避免受伤。

练习方法

1. 双脚分开与髋同宽。双手握哑铃于肩部前侧，屈肘，掌心朝前（a）。

2. 伸直手臂，将哑铃推过头顶（b）。哑铃的移动路径应形成一个三角形。三角形的 3 个点分别是 2 个哑铃的内侧端（靠近你肩部的部分），以及推起哑铃时它们在你头部上方相接的点。将哑铃推起时，使它们与你的耳朵对齐，不要前后晃动。使哑铃保持在这条路径上，可以使推举更容易进行，同时也会减少受伤的风险。

重复次数

完成 10 次重复。

变式

下半身参与运动，辅助进行推举。推举时，做一个"半蹲起"动作。

1. 从起始姿势开始，略微屈膝并使臀部稍向后坐。

2. 将双臂举过头顶时，双腿伸直，使身体上移。

3. 回到起始姿势，略微屈膝，臀部向后坐。先将哑铃移回起始位置，再下移身体。

 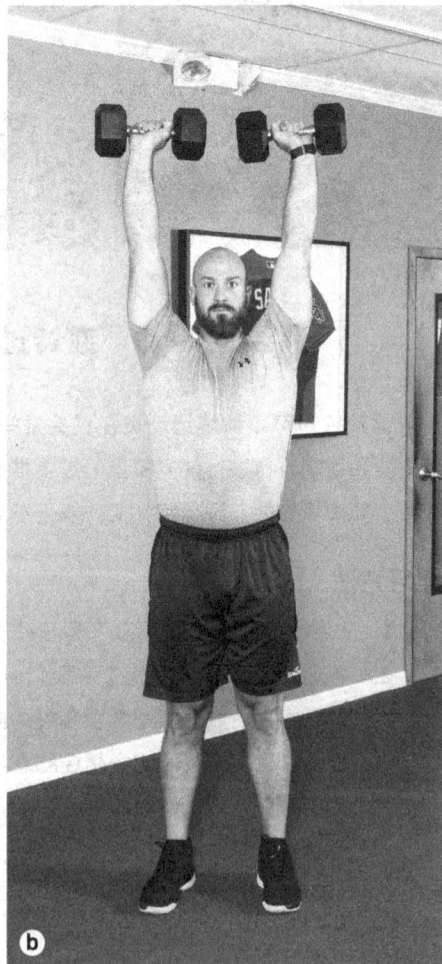

哑铃高拉

　　哑铃高拉可能是该组练习中最复杂的一项练习。它类似于直立划船练习，但哑铃高拉包含了三重伸展。三重伸展指的是脚踝、膝关节和髋部的连续伸展。这是一项快速而强大的负重练习，其目的是使练习者在保持对动作的控制的同时练习爆发性动作。

练习方法

1. 双脚分开与髋同宽，略微屈膝，躯干从髋部开始向前倾斜约45度。双手各握一个哑铃，手臂伸直，掌心朝向腿部，使哑铃垂在身体前侧膝关节上方的位置（a）。

2. 爆发性地将髋部向上和向前伸展，踮起脚尖，同时将哑铃拉向脸部，确保你的肘部向上，掌心朝向身体（b）。将哑铃拉至最高点时，你将处在完全的三重伸展阶段。这意味着此时你的背部有一定程度的伸展，以使哑铃在移动时贴近身体，从而更容易控制重量；踮脚时，你的膝关节和脚踝也要完全伸展（c）。

3. 当你到达高拉的最高点时，保持对动作的控制并回到起始姿势，不要让你的上半身随着哑铃的下降而猛地下降。在进行下一次重复之前，先休息片刻以进行恢复。

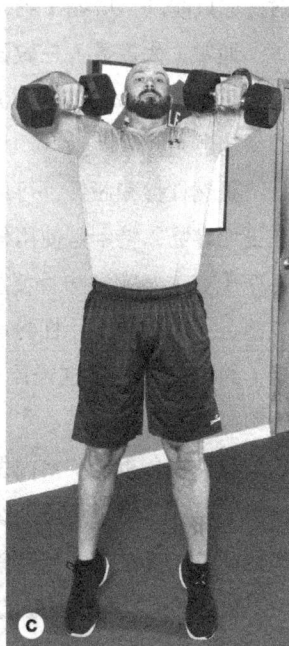

重复次数

完成 10 次重复。

提示

- 这些动作侧重于身体控制，缺乏控制可能导致动作不规范或受伤。
- 在做这项练习时，所有爆发力和力量都来自髋部，而不是手臂，所以，记住高拉并不是垂直上拉的动作。你的手臂只用于上下推动哑铃。
- 将动作放缓，确保身体处于正确的位置，并且要绷紧全身，以确保产生足够的力量将哑铃向上拉动。

如前所述，哑铃是进行持续训练和便于运动员在多个平面运动的理想工具。如果你在小型健身机构或家庭健身房内训练，你就可以使用哑铃来做所有的负重训练，这同样能够帮助你提升力量和稳定性。

杠铃练习

毫无疑问，你可以使用杠铃举起比哑铃更大的重量。举个例子，你在进行杠铃卧推时可以使用 200 磅（约 90.72 千克）的重量进行 5 次重复，但在使用哑铃时，你只能以 100 磅（约 45.36 千克）的重量来进行。

通常，大多数人在做同样的练习时，用杠铃举起的重量要比用两个哑铃举起的总重量多 20%。这是因为他们在杠铃练习中会用到一些稳定肌肉，使得他们能够举起更大的重量。

虽然杠铃和哑铃都可以提高你的力量、肌肉质量和负重能力，但使用杠铃往往更加容易，特别是使用较重的杠铃时。因为，如果将哑铃的重量增加 5 磅（约 2.27 千克），就意味着负重至少增加了 10 磅（约 4.54 千克）（训练时使用一对哑铃）。相比之下，杠铃可以仅增加 5 磅（约 2.27 千克）的重量 [每侧增加 2.5 磅（约 1.13 千克）杠铃片]，这更有助于负重的稳定增加，从而达到逐步锻炼肌肉和力量的目的。

我们在负重训练室内做的最重要的工作之一就是教运动员如何正确地做奥林匹克举重。这对于负重训练来说很重要，就像普拉提对核心发展、整体身体意识和柔韧性一样重要。与哑铃练习一样，在使用杠铃时首先要确保安全，尤其是在使用较大的重量和较复杂的练习来增加动作难度的时候。

教练技巧

在教授一项新的练习时（特别是针对年轻运动员），我们通常会让运动员先使用轻型哑铃进行练习。当他们掌握了正确的动作模式和技术要领之后，再使用较轻重量的杠铃做这项练习。随着能力的提升，他们就可以逐渐增加杠铃片的重量了。

杠铃是大多数体能训练方案的必备工具。它有助于增强提高速度所需的力量和爆发力。记住，缺乏爆发力的运动员是无法提高速度的。而杠铃练习正是增强力量和提高速度的有效方法。

基础奥林匹克举重

奥林匹克举重以抓举和挺举两项练习为基础。在这两项练习中，运动员不仅需要产生力量，还需要承受力量。例如，如果你是篮球队的大前锋，那么你的表现就取决于你产生力量的能力（跳跃），以及你承受外部碰撞的能力。抓举和挺举这两项练习可以使运动员学会如何产生力量和进行缓冲碰撞，从而可以将其运用到大多数的体育运动当中。如果按照正确的方式练习奥林匹克举重，它将会是提升运动员赛场表现和球场表现的最佳途径之一。

奥林匹克举重

以安全、循序渐进的方式进行奥林匹克举重可以获得很多好处。要高效地做举重练习，你必须拥有强大的身体后链，即股二头肌、臀大肌、竖脊肌、斜方肌和三角肌后束，这样可以确保运动的安全性。

应先使用较轻的负荷来锻炼身体后链。前面几章中的普拉提练习和药球练习可以为强度更大的负重训练做准备。在后链肌肉得到充分的锻炼之后，使用杠铃进行练习就可以很好地锻炼产生力量和承受力量的能力。

在抓举和挺举中，运动员必须以可控的方式爆发性地将杠铃从地面托起。做这些练习所需的产生力量的能力可以很好地代入赛场或球场上。一些教练可能不重视控制杠铃杆的重要性。在抓举的高翻阶段，运动员需要双脚扎地将杠铃杆举过头顶并使其保持稳定。除非是以高强度进行举重，否则运动员应能够在该阶段保持对杠铃杆的控制［这里的强度指的是运动员一次重复的最大力量（1RM），如果最重的负荷为 100 磅（约 45.36 千克），且运动员的 1RM 为 100 磅（约

45.36 千克），那么运动员按照 70% 的 1RM 进行举重就表示其达到了高强度]。控制杠铃杆的含义是，运动员可以在抓举阶段不因负重而直接导致身体前蹲。他们必须控制住杠铃杆，并学会承受外部压力。这种能力的运用对于运动员的赛场表现有很大的帮助。奥林匹克举重训练不仅能够锻炼力量，还能使运动员学会如何控制力量。

　　以橄榄球为例，对于一名跑卫来说，其最重要的能力就是产生力量，使身体

里克的经验

　　我曾得到过美国优秀的两名教练——艾尔·韦尔梅伊和德拉戈米尔·索罗斯兰的奥林匹克举重指导。

　　艾尔·韦尔梅伊是唯一一位同时拥有美国职业橄榄球大联盟（NFL）和美国职业篮球联赛（NBA）总冠军戒指的力量教练。他也是唯一一位曾在 NFL、NBA 和 MLB 工作过的力量教练。在他指导芝加哥公牛队训练的时期内，我有幸跟随他一同进行训练。

　　德拉戈米尔·索罗斯兰是美国奥委会国际战略与发展部主任。他曾担任美国国家举重教练长达 13 年。2006 年，他成了美国奥林匹克委员会国际战略与发展部主任。

　　艾尔给了我一个进入芝加哥公牛队实习的机会，从此开启了我的职业生涯。他教会我如何帮助运动员为奥林匹克举重练习做好准备，并使我明白了要遵守循序渐进的训练原则。获得这份工作后，我在科罗拉多斯普林斯完成了学业，后来直接进入了美国奥林匹克训练中心（OTC）与德拉戈米尔共事，他是国家举重项目的主教练。这些经历使我获得了一流的学习环境。

　　在 OTC 时，我的工作是计算"超级球队 2000"（奥运会种子选手）在一周内的举重强度和重复次数。此外，我还协助美国青少年举重队进行训练。两年来，我每天都会花 4 个小时在健身房指导训练并向其他教练学习。这些教练是我接触过的最优秀的教练。我学到了应如何在各个训练阶段对运动员的训练方案做出改良，并且了解到举重练习会使运动员的神经系统产生和身体一样的疲劳感。最重要的是，这段经历让我学会了如何正确地指导青少年进行抓举、挺举和高翻。以上种种，都给予了我在训练时保持心态平静的能力。艾尔对于我的这种心态构建起到了非常重要的作用。直至今天，他仍然在力量和体能训练领域做贡献，不断地寻求知识。这也是他无法被超越的原因。始终保持求知的精神，使我能够正确地教导运动员，并为他们提供我能力范围内最好的教学。

做好承受撞击的准备。杠铃高翻可以锻炼这种能力。运动员在地面上所承受的力的大小及其控制杠铃杆的能力直接关系到赛场上的表现。这是一项需要爆发力的举重练习。

奥林匹克举重的缺点在于，它经常被错误地使用。要么是运动员没有准备好接受高强度的举重训练，要么是教练不能够将适当的练习结合起来循序渐进地指导运动员进行训练。我们给教练的建议是：你所教授的内容需要包含你的实际体会。我们的教练不仅拥有人体运动表现方面的专业学位，而且在与客户合作之前，他们还会花很多时间实习和进修。在教授奥林匹克举重之前，他们会接受广泛的相关训练，并重复数千次举重练习，他们能以标准的方式来完成这些练习。举重练习不像其他力量练习那样需要包含多组或多次重复。

杠铃高拉

这项练习与哑铃高拉有一些共同点，它是学习抓杆动作和学会如何控制抓杆速度的理想练习。杠铃高拉是奥林匹克举重的第一步。它可以使运动员了解到杠铃杆的正确位置和节奏，并能让运动员正确完成高翻和抓举的脊柱伸展。杠铃高拉的动作与直立划船相似，但它包含三重伸展。三重伸展指的是脚踝、膝关节和髋部的连续伸展，会使动作具有爆发力。

练习方法

1. 将杠铃拉起，使之悬挂于身体前侧的膝关节上方（a）。
2. 在进行三重伸展之前，先收紧整个后链和手臂，以增加拉起杠铃时的爆发力。
3. 从悬挂姿势开始，向前和向上爆发性地伸展你的髋部，使你的背部处于伸展状态。屈肘，将杠铃杆拉向脸部。肘部保持向上，不要向后倾斜，以避免带动手腕使掌心向外翻（b）。
4. 上拉至最高点时，应该达到三重伸展。背部有一定程度的伸展，以使杠铃的位置更靠近身体，从而更容易控制重量；你的膝关节和脚踝应完全伸展，脚尖踮起（c）。
5. 这一动作的爆发力和力量来自髋部，而不是手臂（与直立划船不同）。你的手臂只用于上下推拉杠铃杆。

6. 到达动作的最高点后，有控制地放下杠铃，避免上半身随着杠铃的下放而猛地前倾。

重复次数

重复 3 次。将杠铃放回起始位置后，恢复悬挂姿势，然后根据需要重复练习。

提示

- 这些动作侧重于身体控制，当有外部重量时，缺乏控制可能导致动作不规范或受伤。
- 放下杠铃时，不要立即后跳呈悬挂姿势。将动作放缓，确保你的身体处于正确的位置，并且要绷紧全身，以确保产生足够的力量移动杠铃。

杠铃悬垂翻

　　杠铃悬垂翻可以训练反应能力：反应时间主要基于神经反应，而不是固定的时间。处于悬挂姿势时，你没有足够的时间来产生力量，因此你必须在神经和身体上创造更快的速度。在进行悬垂翻时，先从悬挂姿势开始。这样可以训练抓杆动作和抓杆速度，以及控杆能力。根据运动的要求，一些运动员需要做起始位置比较低的高翻动作。运动员应学会在特定运动中根据身体姿势来创造力量。例如，二垒手的起始姿势与悬垂翻一致，但接球手必须在地面上进行高翻，因为他们需要从较低的位置开始产生力量。在橄榄球队中，前锋需要进行高翻，而技能球员则需要进行悬垂翻。因此，训练应根据运动员的特定位置而定，并且要适合运动员及其运动需求。高翻可以从杠铃在悬挂位置、小腿中部或地面上开始。奥林匹克举重的诀窍之一是，在上拉过程中，跳起来产生爆发力以拉动杠铃。

练习方法

1. 双脚分开与髋同宽，屈曲髋部，躯干向前倾斜 45 度，使杠铃悬挂在身体前侧的膝关节上方。双手之间的距离略宽于肩，掌心朝向身体（a）。握杆距离太窄或太宽，都会影响抓举动作。

2. 与高拉动作一样，向前和向上爆发性地伸展你的髋部，使你的背部处于伸展状态。在向上拉动杠铃时，跳起来以产生力量和拉力。屈肘，将杠铃杆拉向脸部。肘部保持向上，直到你将杠铃上拉至最高点（b）。

3. 上拉至最高点时，猛地将肘部移动到杠铃杆下方，使掌心朝上。

4. 使杠铃杆位于你的锁骨上方。保持略微屈膝，以更好地承受杠铃片与杠铃杆的重量（c）。杠铃的重量越大，你的抓举位置越低。在抓举时，要尽可能地将肘部抬高。肘部下垂可能会导致抓举姿势不佳，悬垂翻失败，或者造成损伤。

5. 抓举完成后，站直，同时保持肘部向上并保持完成姿势，然后回到起始姿势。

重复次数

重复 3 次。

杠铃抓举

抓举是练习伸展能力最快的方法之一。我们指导的许多专业球员都会做这项练习。这项练习比悬垂翻更简单易学，但它需要更快的抓杆速度。它非常适合内场手、控球后卫或外接手，因为这项练习能够产生很强的力量，并且它能强化快速收缩肌肉的运动。运动员可以很好地将这项练习代入球场上。

练习方法

1. 抓举需要比悬垂翻更大的抓握力度。衡量抓杆宽度的一个方法是，你的抓杆位置应使杠铃杆悬挂在耻骨高度。双脚分开与髋同宽，躯干向前倾斜 45 度，使杠铃杆位于膝关节上方（a）。

2. 屈肘，向上拉动杠铃（动作同高拉）。上拉时，双脚上跳以帮助你产生拉力（b）。

3. 上拉至最高点时，翻转手腕，使掌心朝前。

4. 手臂伸直，将杠铃杆举过头顶，身体呈半蹲姿势（c）。这个姿势可以更好地控制并承受杠铃杆的重量。

5. 将杠铃拉至最高点时，双臂向外伸直，同时双腿伸直，站直完成抓举动作。

重复次数

重复 3 次。

杠铃挺举和推举

与卧推等练习相比，站姿位的过头推举动作能提供更有效的训练。为什么？因为当杠铃杆被托起时，需要整个身体的协调和稳定。卧推是在仰卧位进行的，没有多少运动是仰卧着进行的。

练习方法

1. 双脚分开与髋同宽，掌心朝上，旋握杠铃。使杠铃杆位于你的锁骨和上胸部（a）。
2. 臀部向后坐，然后恢复半蹲姿势。这个动作可以使你的下半身在推举过程中完成三重伸展。
3. 用力对抗地面，将杠铃从肩部举过头顶。
4. 将杠铃推至最高点时，手臂伸直，使杠铃杆位于头部稍向后的位置，以保持更大的稳定性（b）。
5. 将杠铃移回胸前。

重复次数

重复 3 次。

　　杠铃和哑铃练习是运动员训练方案的重要组成部分。它是一种能够符合运动员需求的综合性方法，也是训练力量和爆发力的独特方法。许多教练都专注于指导举重练习，但他们需要明白的是，他们不单是在训练一名举重运动员，而是在训练一名在举重室外进行运动的运动员。

　　现在你已经了解了每种力量训练方法的好处，你该如何在它们之间做出选择呢？首先，你需要确定运动员的需求是什么，以及他们有哪些方面的强项和弱项。你需要不断地对运动员的进度做出评估。你需要知道，对于特定的运动来说，哑铃和杠铃练习是否是更合适的练习？还是阻力带练习更合适？运动员的目标仅凭单一的方法是无法实现的。你需要谨慎地评估你所设计的训练方案是否符合运动员的特定训练阶段。

下一章预览

　　第 8 章将为你提供一些训练方案，其中包括运动准备方案、恢复方案和其他相关方案。这些方案将帮助你循序渐进地在适当的时间安排合理的训练课程。

第 3 部分 训练方案

8 | 基础训练

前面 7 章涵盖了大量的信息，你可能会对从何开始而感到迷茫。首先，你要做的第一步是打造基础。它与建筑结构的道理相同，结构完善的建筑都始于坚实的基础。如果基础不牢靠，上部的建筑就会倾斜。

本章中的训练方案有多种用途。也许你已经拥有了良好的体能素质，希望使用这些方案来提高整体表现水平，也许你正处于术后恢复期，不论是哪种情况，这些训练都将帮助你突破弱项，并增强身体所需的力量。如果你刚开始一个新的训练周期，那么恭喜你，这些训练能够为你打造坚实的基础，帮助你在此基础上锻炼体能，增强力量与提高柔韧性。

本章包含了肌筋膜放松、关节活动、臀肌激活、动态热身、普拉提、药球和阻力带练习的准备活动和练习。这些练习非常适合在日常训练之余对身体进行额外训练，能帮助打造力量与柔韧性基础，并能帮助你恢复身体，为第 9 章中更高阶的课程做准备。

每天醒来，你的身体都是崭新的。你每天的能量水平可能会发生变化，锻炼和运动后身体的酸痛程度也会有所不同，睡眠模式可能会改变，营养水平也会随着时间而产生差异。你不需要每天都重复相同的训练，你可以每天更换训练方案。但是，训练方案的选择取决于你在训练周期内的进度，以及上述所有因素。在开始锻炼的第一个月，使用第 8 章和第 9 章中的基础训练方案可能会为你带来良好的效果。

你会注意到，以下的每套训练方案中都包含许多开始时的准备活动，并且每次训练都会融入多种练习形式，帮助你为后续训练做好准备。

我们指导的运动员在开始训练之前也会做同样的热身运动。这些运动的形式可包括泡沫轴练习、关节活动练习和普拉提练习，当然，这些都是在他们进行器械训练之前所做的练习。他们的训练时间可能会超过标准的一小时训练时间，因为整个训练过程将包含热身、正式训练以及训练后的拉伸。

你比任何人都更了解自己的身体

我们提到过，选择一个安全、设备齐全且有利于你进行全天训练的训练场所非常重要。除了训练环境以外，你还需要考虑你的整体身心健康状况。你这周的压力大吗？你的身体是否因过度训练而疲惫不堪？你今天是否充满活力？这些都是你在选择日常训练时需要考虑的因素。有时，需要产生一些紧迫感。需要感觉到体内的内啡肽在发挥作用，感觉心脏正在跳动，这些都可以使自己保持良好的心态。其他时间，例如在参加完大型比赛或生病之后，则可以放慢训练节奏。记住，一切由你做主，你比任何人都更了解你自己的身体。去挑战你自己。你读本书的目的是挑战你自己，提升你的整体运动表现。

如果你正处于损伤恢复期，那么你必须在选择每天、每周和每月的训练方案时考虑身体的损伤状况（新伤或旧伤）、手术及情绪等因素。如果医生或物理治疗师给你提供了一些运动限制建议，请务必遵守这些建议。多数运动员要比大多数人更努力，但是请相信，"没有付出就没有收获"这一理论并不是绝对的。由高强度训练引起的肌肉酸痛与损伤性疼痛或关节疼痛有很大的区别。你需要了解自己的身体，知道自己的局限性。最重要的是，要明智地选择适当的训练方式。在打下牢固的基础之后，你才可以接受更大的挑战。强迫自己的身体过度训练而受伤是没有任何好处的。

选择训练方案

在学习了第 1 章至第 7 章的内容之后，你已经深入了解了 BEYOND MOTION ® 的理念，并且知道了成为更强、更快、准备更充分的运动员所需的运动模式。现在可以进行训练了。知道该做什么以及何时做这件事是一门学问。你应该以专业人士的思维方式来制定和实践训练方案，仅为了锻炼而去健身房举重并不能造就一名更好的运动员。你需要注重计划、制定方案、执行并坚持。

但是，训练方案的制定并没有通用的方法。不是每个人都适合在同一时间内使用同一套训练方案。所以你需要了解自己的身体需求。请使用第 2 章中的评估方式来判定自己的目标起点。

假设你已经完成了初步评估，并且阅读了第 2 章中的目标设立与训练方案的相关内容。按照为实现目标所制定的方案进行训练，你将会对为何以这种方式进行训练以及它能为你带来的好处有一个深刻的理解。

训练的频率和持续时间因人而异，这取决于训练周的剩余时间、比赛项目和其所需的比赛时间。可以确定的是，你至少需要 20 分钟来进行热身。热身运动应包括泡沫轴放松练习、关节活动练习（如有需要）、普拉提练习，以及部分或全套动态热身练习。这些热身运动可以帮助你的身体做好训练准备。如果你刚开始接触这类练习，你可能需要将全套的泡沫轴练习、关节活动练习、普拉提练习和动态热身练习作为一整天的训练内容。其他人可以将这些练习作为热身来进行。

无论你的进度如何，是否会选择新的练习来达到目标，你都需要先从热身开始。当你找到一套适合自己的热身练习时，你可以每次都按照同样的方法来练习。在每次训练之前，我（里克）都会做相同的热身练习，包括泡沫轴练习、关节练习、臀肌激活练习和动态练习。在一系列的热身练习完成之后，身体才能充分地做好训练准备。

方案 1：神经系统热身

热身练习应在你的每次训练前进行，它的目的是激活你的身体。方案1和方案2可以交替使用，具体取决于你当天的身体状态和后续的训练内容。在你感到身体状态不佳、疲乏无力的时候，可以使用方案1来唤醒身体。而在你感到身体紧张的时候，则使用方案2来热身更合适。你需要确保在每次训练前使用其中一套初始热身方案。在没有充分热身的情况下，不要直接进行任何其他的运动训练。

热身练习

形式	练习	页码
泡沫轴	神经系统激活	40
泡沫轴	泡沫轴扭头	41
泡沫轴	泡沫轴点头	42
泡沫轴	泡沫轴扩胸	43
泡沫轴	泡沫轴背部放松	48
泡沫轴	泡沫轴腘绳肌拉伸	50
泡沫轴	泡沫轴股四头肌放松	53
泡沫轴	泡沫轴髂胫束放松	52
泡沫轴	泡沫轴脚尖点地	57
泡沫轴	泡沫轴低弓步侧向拉伸	46
关节活动练习	根据需要，从脚部开始向上练习	66

方案 2：拉伸

　　这套方案适用于放松髋部和腘绳肌。一部分人的髋部和腘绳肌每天都会处于紧张状态，另一部分人可能偶尔会出现这种情况，这取决于前一天的训练和活动。无论你属于哪一类，以下练习都会让你感觉肌肉更放松、更灵活、更自由。本章的内容适用于热身练习，或是刚接触这类练习且需要打好基础的人群，以及处于运动康复期的人群。在做负重训练和高阶普拉提练习之前，都应先做这些练习。

拉伸练习

形式	练习	页码
泡沫轴	泡沫轴背部放松	48
泡沫轴	泡沫轴臀部放松	49
泡沫轴	泡沫轴股四头肌放松	53
泡沫轴	泡沫轴髂胫束放松	52
泡沫轴	泡沫轴腘绳肌拉伸	50
关节活动练习	踝关节	66
关节活动练习	膝关节环绕	68
关节活动练习	髋关节 在完成每项练习之后重新评估，以确定是否需要在关节活动方案中加入髋关节练习	68
普拉提	脊柱向前伸展	102
普拉提	旋体拉锯	122
普拉提	脊柱扭转	120
泡沫轴	泡沫轴天鹅式	61
普拉提	俯身游泳	131
普拉提	侧卧蚌式开合	128
泡沫轴	泡沫轴低弓步侧向拉伸	46

方案 3：普拉提核心练习

本套方案适用于强化能量轴心、提升整体运动表现。这些热身练习能够激活你的整个能量轴心，充分锻炼核心肌肉。

普拉提核心练习

形式	练习	页码
普拉提	四足跪姿鸟狗式	104
普拉提	胸部抬起	110
普拉提	百次摆钟	111
普拉提	单腿伸展	113
普拉提	双腿伸展	114
普拉提	腹斜肌交叉伸展	115
普拉提	腘绳肌拉伸	116
普拉提	V 形悬体预备式	143
普拉提	卷躯上提	118
普拉提	普拉提式俯卧撑	146
普拉提	俯撑抬腿	142
普拉提	俯身游泳	131
普拉提	球式滚动	134
普拉提	站姿向下卷动	147

方案 4：背部放松

通过提高身体后链的柔韧性，你的运动模式和敏捷性将获得约 10 倍的提升。

放松练习

形式	练习	页码
泡沫轴	泡沫轴背部放松	48
泡沫轴	泡沫轴臀部放松	49
泡沫轴	泡沫轴腘绳肌拉伸	50
泡沫轴	泡沫轴髂胫束放松	52
泡沫轴	泡沫轴股四头肌放松	53
普拉提	桥式	107
普拉提	脊柱向前伸展	102
普拉提	脊柱扭转	120
普拉提	旋体拉锯	122
普拉提	百次摆钟	111
普拉提	腘绳肌拉伸	116
普拉提	卷躯上提	118
普拉提	美人鱼式	138
泡沫轴	泡沫轴肩背肌拉伸	60
泡沫轴	泡沫轴天鹅式	61
关节活动练习	根据需要，从踝关节开始向上练习	66

方案 5：臀肌激活

　　把臀肌当成是你的能量区和减震带。只有正确地运用臀肌，你的身体才能有效地发力。

臀肌练习

形式	练习	页码
泡沫轴	泡沫轴臀部放松	49
泡沫轴	泡沫轴股四头肌放松	53
泡沫轴	泡沫轴髂胫束放松	52
泡沫轴	泡沫轴腘绳肌拉伸	50
泡沫轴	泡沫轴小腿拉伸	51
泡沫轴	泡沫轴背部放松	48
关节活动练习	重新评估后，根据需要进行练习	66
动态热身	全套练习	73
臀肌激活系列	全套练习	85
普拉提	侧卧蚌式开合	128
普拉提	上下踢腿	125

方案 6：强化能量轴心

　　能量轴心包括从骨盆底到身体前侧横膈膜的所有肌肉，以及从骨盆底到身体后侧胸椎中部的所有肌肉。稳定和强化能量轴心可以提升爆发力和力量，增加活动度。

能量轴心练习

形式	练习	页码
泡沫轴	泡沫轴背部放松	48
泡沫轴	泡沫轴臀部放松	49
泡沫轴	泡沫轴腘绳肌拉伸	50
泡沫轴	泡沫轴髂胫束放松	52
泡沫轴	泡沫轴股四头肌放松	53
普拉提	桥式	107
普拉提	百次摆钟	111
普拉提	单腿伸展	113
普拉提	双腿伸展	114
普拉提	腹斜肌交叉伸展	115
普拉提	腘绳肌拉伸	116
普拉提	卷躯上提	118
普拉提	脊柱扭转	120
普拉提	旋体拉锯	122
普拉提	天鹅式	129
普拉提	俯身游泳	131
普拉提	美人鱼式	138
普拉提	超越卷动	139
普拉提	V 形悬体预备式或 V 形悬体	143 或 144
阻力带	阻力带飞鸟式	187
阻力带	阻力带坐姿划船	190

普拉提练习

基础普拉提练习

形式	练习	页码
普拉提	脊柱向前伸展	102
普拉提	骨盆卷动	106
普拉提	桥式	107
普拉提	单腿划圈	126
普拉提	胸部抬起	110
普拉提	百次摆钟	111
普拉提	旋体拉锯	122
普拉提	脊柱扭转	120
普拉提	侧踢腿练习	123
普拉提	俯撑抬腿	142
普拉提	俯身游泳	131
普拉提	球式滚动	134
普拉提	美人鱼式	138
普拉提	普拉提式俯卧撑	146
普拉提	卷躯上提	118

中级普拉提练习

形式	练习	页码
普拉提	骨盆卷动	106
普拉提	桥式	107
普拉提	胸部抬起	110
普拉提	百次摆钟	111
普拉提	腘绳肌拉伸	116
普拉提	单腿伸展	113
普拉提	双腿伸展	114
普拉提	腹斜肌交叉伸展	115
普拉提	旋体拉锯	122
普拉提	卷躯上提	118
普拉提	脊柱扭转	120
普拉提	肩桥式	108

续表

形式	练习	页码
普拉提	球式滚动	134
普拉提	侧踢腿练习	123
普拉提	天鹅式	129
普拉提	俯身游泳	131
普拉提	脊柱向前伸展	102
普拉提	普拉提式俯卧撑	146
普拉提	俯撑抬腿	142
普拉提	站姿向下卷动	147

全身练习

全身练习

形式	练习	页码
泡沫轴	泡沫轴髂胫束放松	52
泡沫轴	泡沫轴股四头肌放松	53
关节活动练习	脚尖上跷	66
关节活动练习	脚尖下压	67
动态热身	全套练习	73
臀肌激活系列	侧向横走	87
普拉提	百次摆钟	111
普拉提	腘绳肌拉伸	116
普拉提	腹斜肌交叉伸展	115
普拉提	四足跪姿鸟狗式	104
普拉提	卷躯上提	118
普拉提	仰撑抬腿	136
药球	药球侧举	161
阻力带	阻力带深蹲	178
哑铃	哑铃过头推举	201
哑铃	哑铃划船	199
普拉提	美人鱼式	138

埃米的经验

2016 年，我决定挑战自我，脱离舒适区，所以我在 2017 年参加了一个形体比赛（健美方面的形体展示比赛，不是肌肉方面）。我一生中的大部分时间都在健身，但这种特殊的训练对我来说是一种全新的体验。虽然我还有几个月的准备时间，但我需要确保时间安排合理，并且我需要将我所了解的负重训练和普拉提的相关知识融入其中，创造出高效的训练方式。我首先分析了我的身体及受伤情况、运动模式及营养问题，以及我取得比赛成功所需要做的事情。我使用了第 2 章中的目标设立方法来设立目标，以最大限度地利用我的时间和精力。我在每次训练前都使用关节活动练习和泡沫轴练习进行热身。

典型的训练方案会分为多个部分，在特定的时间对特定的肌群进行训练，例如第 1 天练腿和臀，第 2 天练上半身。虽然这种模式有助于实现你的总体目标，但它并不是唯一的训练方法。我的目标是使自己身材匀称，同时确保我的身体状态随着训练量的增加变得更好，而不会因为训练量增加感到疲惫和受伤。我每周和每个月的训练方案都有所不同。随着我的力量增加、身体脂肪减少，坚持普拉提练习对我来说变得愈加重要，它能确保我保持核心力量和柔韧性，以及比赛裁判所注重的良好肌肉条件。我所有的普拉提课程都是完整的全身训练，这些训练是我每天完成的所有额外负重训练和有氧训练的理想平衡。

虽然我 75%的普拉提训练都会用到普拉提设备，但我仍会将垫上练习纳入我的训练方案中。这些动作就像胶水一样把所有内容连贯在一起。我的艰苦训练和正确的训练方案设计使我获得了优异的成绩。在 2017 年 11 月的第 1 场比赛中，我获得了以下类别的第 1 名：形体新人赛（首次登台比赛）、形体大师赛（35 岁以上女性）和形体开放赛（各个年龄段和身高的女性），此外，我还获得了比基尼公开赛第 2 名。我也有幸得到了形体开放赛颁发的职业证明。

在为第 2 年夏天的下一场比赛做准备时，我又增加了普拉提训练。有时我会做普拉提和有氧运动；有时我会将普拉提与训练课程相结合；有时我会在上午做普拉提，下午或晚上做负重训练。这些运动模式再一次让我收获了成功。第 2 场比赛的规模更大，竞争也相当激烈。我分别在两个类别中获得了第 2 名和第 3 名。

距离即将到来的形体比赛只有几周的时间了，我正在更加努力地练习普拉提。当我不断地增加负重、突破自我时，坚持普拉提练习对我来说更加重要了。

在我改变普拉提训练方案以平衡当天可能做的其他训练时，我会用到包含腘绳肌拉伸在内的五合一系列练习。侧踢腿练习非常适合臀部塑形，俯卧练习（包括俯身游泳和天鹅式）非常适合锻炼身体后链。我喜欢用普拉提锻炼耐力，并将普拉提作为后续练习的热身。四足位的练习可以使我的身体恢复活力，并加强身体两侧的连接。仰撑抬腿帮助我在训练核心时打开我的胸部和肩部，特别是在举重之后。每项练习都提供了许多好处，我可以花几天时间做各种各样的练习，每天持续 10 ~ 60 分钟，从不感到无聊。将普拉提练习与我们在本书中教给你的其他内容相结合，可以实现无限可能。

如果你想在你的训练方案中加入更高阶的普拉提练习，请尝试以下练习，感受它们带来的效果。

形体准备：中级普拉提练习

形式	练习	页码
普拉提	骨盆卷动	106
普拉提	桥式	107
普拉提	肩桥式	108
普拉提	胸部抬起	110
普拉提	百次摆钟	111
普拉提	单腿伸展	113
普拉提	腘绳肌拉伸	116
普拉提	卷躯上提	118
普拉提	旋体拉锯	122
普拉提	普拉提式俯卧撑	146
普拉提	俯身游泳	131
普拉提	单腿上踢	132
普拉提	球式滚动	134
普拉提	双腿侧抬	127
普拉提	侧卧蚌式开合	128
普拉提	仰撑抬腿	136
普拉提	V 形悬体	144
普拉提	美人鱼式	138
普拉提	四足跪姿鸟狗式	104
普拉提	站姿向下卷动	147

下一章预览

经过几周的训练，你会发现你的身体在外形、感觉和运动表现上都有了很大的改善。对于一部分练习者来说，这些练习将作为接下来几个月所要做的主要练习；而另一部分练习者则可以提高训练强度，选择第 9 章中更专业的训练方案继续训练。

第 9 章中的训练方案针对特定的体育运动和目标所设计。无论你是网球运动员、匹克球运动员、棒球运动员、排球运动员，还是铁人三项运动员，这些训练都能满足你的需求。虽然每套训练方案都是为了达到特定目的而设计的（例如提升整体水平或爆发力，或是为了某项体育运动），但要知道的是，并非每项训练都适合每一个人。仔细阅读第 9 章的方案，并找到最适合你的一套方案。你可以随时重新分析其他练习，并将其纳入你的训练方案中。

9 中级进阶训练和专项训练

第8章包含了基础训练方案，帮助你为进阶训练做好了准备。你在按照第8章的基础训练方案练习了4~6周后，就可以开始增加训练强度，打造更强的力量基础了。

现在，你将为自己喜欢的运动做准备，这是正式训练的开始。无论你是业余运动爱好者还是职业运动员，拥有一名专业教练都是非常重要的。也许你足够幸运，有教练全天候对你进行指导，但这对大多数人来说都是无法实现的，这也是我们编写本书的原因。本章将把你的训练带入下一个阶段。你可以在本章的方案中选择最适合自己的方案，这些方案将帮助你成为一名能力全面的运动员。

第9章包含各类体育运动员都可以使用的常规训练，以及针对特定运动的训练。我们每天都会与客户一起使用这些训练方案。请记住，你的训练方案不仅应基于你在第2章中确立的目标，还应基于你当前的体能水平和训练状况。当然，并非每项练习都适合每个人。你需要了解自己的身体，并知晓你在不同阶段的承受能力。如果你在某一阶段感觉自己能力很强，那么就再努力一些。而如果前一天的锻炼使你感到疲劳和出现疼痛，那么今天就应该进行恢复训练。你也可以根据需要继续使用第8章中的训练方案，其中许多练习都非常适合恢复期。

制定训练方案是一门科学，也是一门艺术。与我们合作的每位运动员每周都会有单独的训练方案，其每周的方案进度也有所不同。一名优秀的教练应能够觉察出运动员在某一天缺乏精力或状况不佳。此时教练需要评估情况并继续执行他们的训练方案或对训练方案做出调整，以适应运动员当前的状态。好的训练方案就如同好的比赛计划，并非一切都能达到你的期望，因此你必须做好准备，并在必要时进行调整。

如果你是与运动员一起使用这些方案的教练，那么就要保持头脑灵活。你在指导个人训练时，需要为其提供突破不足和强化优势的训练方案。在指导团队训练时，你可以根据运动员的位置或水平及运动员的能力制定训练方案。

入门全身练习

这套练习通过活动关节和依次激活臀部肌肉来帮助运动员提高稳定性。对于想要打下坚实基础的年轻运动员来说，这是一套理想的训练方案。

入门全身练习

形式	练习	页码
泡沫轴	泡沫轴背部放松	48
泡沫轴	泡沫轴扩胸	43
关节活动练习	踝关节	66
动态热身	走姿腘绳肌拉伸	82
动态热身	走姿股四头肌拉伸	83
臀肌激活练习	脚尖侧点	91
普拉提	骨盆卷动	106
普拉提	桥式	107
普拉提	百次摆钟	111
普拉提	脚尖点地	103
普拉提	侧踢腿练习	123
普拉提	侧卧蚌式开合	128
普拉提	双腿侧抬	127
普拉提	单腿划圈	126
普拉提	四足跪姿鸟狗式	104
药球	药球深蹲	162
药球	药球伐木者	160
阻力带	阻力带分腿蹲	179
阻力带	阻力带深蹲	178

进阶全身练习

以下练习包含更复杂的动作，要求身体素质更强。

进阶全身练习

形式	练习	页码
泡沫轴	泡沫轴扭头	41
泡沫轴	泡沫轴点头	42
泡沫轴	泡沫轴扩胸	43
关节活动练习	髋关节屈伸	69
动态热身	走姿股四头肌拉伸	83
动态热身	走姿腘绳肌拉伸	82
臀肌激活系列	脚尖侧点（但此次练习不用阻力带）	91
普拉提	四足跪姿鸟狗式	104
普拉提	脊柱扭转	120
普拉提	百次摆钟	111
普拉提	单腿伸展	113
普拉提	腘绳肌拉伸	116
普拉提	桥式	107
普拉提	俯撑抬腿	142
药球	药球伐木者	160
药球	药球斜举	169
阻力带	阻力带分腿蹲	179
臀肌激活系列	脚尖侧点	91
臀肌激活系列	侧向滑动	88

增强爆发力：中级练习

这套训练方案可以帮助运动员在学习创造力量的同时提高核心力量。

增强爆发力：中级练习

形式	练习	页码
泡沫轴	泡沫轴小腿拉伸	51
泡沫轴	泡沫轴股四头肌放松	53
关节活动练习	踝关节	66
动态热身	垫步开合跳	77
动态热身	踢臀跑	83
臀肌激活系列	侧向滑动	88
普拉提	百次摆钟	111
普拉提	双腿伸展	114
普拉提	引颈前伸	119
普拉提	V 形悬体	144
普拉提	旋体拉锯	122
普拉提	超越卷动	139
普拉提	双腿上踢	133
普拉提	球式滚动	134
药球	药球下砸	166
杠铃	杠铃悬垂翻	209
哑铃	哑铃深蹲	196
哑铃	哑铃罗马尼亚硬拉	198

增强力量：中级练习

本套训练方案能够有效地增强力量。虽然其中不包含杠铃练习，但仍对身体有很高的要求。哑铃练习能够增强本体感受（感知肢体位置的能力），并锻炼到稳定肌肉。

增强力量：中级练习

形式	练习	页码
泡沫轴	泡沫轴股四头肌放松	53
泡沫轴	泡沫轴髂胫束放松	52
动态热身	走姿股四头肌拉伸	83
动态热身	走姿腘绳肌拉伸	82
臀肌激活练习	侧向横走	87
普拉提	站姿向下卷动	147
普拉提	普拉提式俯卧撑	146
普拉提	四足跪姿鸟狗式	104
普拉提	单腿上踢	132
普拉提	侧踢腿练习： ·前后踢腿 ·上下踢腿 ·双腿侧抬 ·侧卧蚌式开合	124、125、127 和 128
普拉提	引颈前伸	119
普拉提	腹斜肌交叉伸展	115
药球	药球伐木者	160
阻力带	阻力带分腿蹲	179
哑铃	哑铃深蹲	196
哑铃	哑铃罗马尼亚硬拉	198
哑铃	哑铃划船	199

旋转类体育运动
（匹克球、网球、高尔夫球）

旋转类体育运动与灵活性和柔韧性相关。匹克球、网球和高尔夫球都包含旋转型动作，这些运动都需要一定的柔韧性。

匹克球

本套训练方案中包含提升流畅度的练习。

匹克球训练方案

形式	练习	页码
泡沫轴	泡沫轴扩胸	43
泡沫轴	泡沫轴腘绳肌拉伸	50
泡沫轴	泡沫轴低弓步侧向拉伸	46
关节活动练习	髋关节屈伸	69
动态热身	外展髋向前垫步跳	78
动态热身	高抬腿展髋——向后垫步跳	79
动态热身	转体侧向垫步跳	81
臀肌激活系列	侧向横走	87
普拉提	脊柱扭转	120
普拉提	旋体拉锯	122
普拉提	腘绳肌拉伸	116
普拉提	天鹅式	129
普拉提	俯身游泳	131
普拉提	四足跪姿鸟狗式	104
药球	药球侧举	161
药球	药球转身投掷	167
阻力带	阻力带坐姿划船	190

网球

　　本套训练方案将通过力量训练、药球训练和普拉提训练锻炼网球运动员的平衡能力。

网球训练方案

形式	练习	页码
动态热身	放松型跳跃练习	75
动态热身	外展髋向前垫步跳	78
动态热身	侧向垫步跳	80
动态热身	走姿腘绳肌拉伸	82
臀肌激活系列	侧向滑动	88
臀肌激活系列	向后 45 度走	90
普拉提	腹斜肌交叉伸展	115
普拉提	美人鱼式	138
普拉提	普拉提式俯卧撑	146
普拉提	卷躯上提	118
普拉提	侧卧蚌式开合	128
药球	药球环绕	159
药球	药球反向弓步	163
药球	药球前弓步	164
哑铃	哑铃高拉	203
哑铃	哑铃划船	199
哑铃	哑铃过头推举	201
哑铃	哑铃反向弓步	200
普拉提	站姿向下卷动	147

高尔夫球

打高尔夫球需要一定的胸椎灵活性和转体能力。本套训练方案能够锻炼这两项能力，是各级高尔夫球手理想的补充训练。

高尔夫球训练方案

形式	练习	页码
泡沫轴	泡沫轴扩胸	43
泡沫轴	泡沫轴股四头肌放松	53
泡沫轴	泡沫轴髂胫束放松	52
泡沫轴	泡沫轴腘绳肌拉伸	50
普拉提	美人鱼式	138
关节活动练习	踝关节	66
动态热身	垫步开合跳	77
动态热身	外展髋向前垫步跳	78
动态热身	踢臀跑	83
动态热身	走姿股四头肌拉伸	83
动态热身	腘绳肌动态拉伸	84
普拉提	脚尖点地	103
普拉提	胸部抬起	110
普拉提	百次摆钟	111
普拉提	骨盆卷动	106
普拉提	桥式	107
普拉提	卷躯上提	118
普拉提	旋体拉锯	122
普拉提	四足跪姿鸟狗式	104
药球	药球深蹲	162
药球	药球反向弓步	163
药球	药球前弓步	164
药球	药球转身投掷	167
药球	药球斜举	169
药球	药球卷腹	170
动态热身	放松型跳跃练习	75

长曲棍球、陆上曲棍球和英式足球

　　这3项体育运动都属于冲击式运动，需要运动员具备产生力量和承受力量的能力。以下训练方案是我（里克）最常用的方案之一。

长曲棍球和陆上曲棍球训练方案

形式	练习	页码
泡沫轴	泡沫轴背部放松	48
泡沫轴	泡沫轴股四头肌放松	53
泡沫轴	泡沫轴髂胫束放松	52
泡沫轴	泡沫轴腘绳肌拉伸	50
泡沫轴	泡沫轴小腿拉伸	51
关节活动练习	踝关节	66
关节活动练习	髋关节屈伸	69
动态热身	垫步开合跳	77
动态热身	外展髋向前垫步跳	78
臀肌激活系列	向后45度走	90
普拉提	胸部抬起	110
普拉提	百次摆钟	111
普拉提	腘绳肌拉伸	116
普拉提	旋体拉锯	122
普拉提	单腿上踢	132
普拉提	俯身游泳	131
普拉提	球式滚动	134
杠铃	杠铃悬垂翻	209
杠铃	杠铃抓举	211
哑铃	哑铃罗马尼亚硬拉	198
哑铃	哑铃反向弓步	200
药球	药球环绕	159
药球	药球斜举	169
药球	药球卷腹	170

英式足球

本套训练方案能够帮助运动员突破在运动模式基础上的弱项。这些练习减小了运动员的动作幅度，符合他们的力量和稳定性需求。

英式足球训练方案

形式	练习	页码
泡沫轴	神经系统激活	40
泡沫轴	泡沫轴股四头肌放松	53
泡沫轴	泡沫轴髂胫束放松	52
泡沫轴	泡沫轴背部放松	48
泡沫轴	泡沫轴小腿拉伸	51
动态热身	放松型跳跃练习	75
动态热身	垫步开合跳	77
动态热身	外展髋向前垫步跳	78
药球	药球环绕	159
药球	药球反向弓步	163
药球	药球前弓步	164
哑铃	哑铃深蹲	196
哑铃	哑铃罗马尼亚硬拉	198
哑铃	哑铃划船	199
哑铃	哑铃过头推举	201
普拉提	肩桥式	108
普拉提	百次摆钟	111
普拉提	腹斜肌交叉伸展	115
普拉提	引颈前伸	119
普拉提	分腿滚动	135
普拉提	侧踢腿练习： ·上下踢腿 ·前后踢腿 ·侧卧蚌式开合	125、124 和 128

游泳

　　游泳训练方案主要包含普拉提练习和药球练习。我们经常和游泳运动员们一起做这些地面练习。

游泳训练方案

形式	练习	页码
泡沫轴	泡沫轴扩胸	43
泡沫轴	泡沫轴背部放松	48
泡沫轴	泡沫轴臀部放松	49
泡沫轴	泡沫轴股四头肌放松	53
动态热身	放松型跳跃练习	75
动态热身	侧向垫步跳	80
动态热身	转体侧向垫步跳	81
普拉提	脊柱向前伸展	102
普拉提	骨盆卷动	106
普拉提	桥式	107
普拉提	百次摆钟	111
普拉提	腹斜肌交叉伸展	115
普拉提	卷躯上提	118
普拉提	仰撑抬腿	136
普拉提	双腿侧抬	127
普拉提	侧卧蚌式开合	128
药球	药球环绕	159
药球	药球伐木者	160
药球	药球侧举	161
药球	药球反向弓步	163
药球	药球深蹲	162
药球	药球斜举	169
药球	药球侧击	171

公路运动
（自行车和跑步）

公路运动需要极强的下半身力量和心血管耐力。以下练习有助于提高心肺功能，同时锻炼臀腿。

自行车

自行车运动对心血管系统的要求很高，这项运动还会使髋屈肌变短。本套训练方案能有效地拉伸髋屈肌，平衡自行车运动所需的后凸姿势（上背部和中背部过度弯曲）。有氧单车运动也会缩短髋屈肌。以下练习能够舒展髋屈肌，改善许多自行车运动员的习惯性驼背姿势。

自行车训练方案

形式	练习	页码
泡沫轴	泡沫轴扩胸	43
泡沫轴	泡沫轴背部放松	48
泡沫轴	泡沫轴臀部放松	49
泡沫轴	泡沫轴股四头肌放松	53
关节活动练习	踝关节	66
关节活动练习	髋关节屈伸	69
臀肌激活系列	侧向横走	87
臀肌激活系列	侧向滑动	88
臀肌激活系列	向前 45 度走	89
臀肌激活系列	向后 45 度走	90
阻力带	阻力带分腿蹲	179
哑铃	哑铃划船	199
哑铃	哑铃罗马尼亚硬拉	198
普拉提	脊柱向前伸展	102
普拉提	桥式	107
普拉提	腘绳肌拉伸	116
普拉提	双腿伸展	114
普拉提	腹斜肌交叉伸展	115
普拉提	俯身游泳	131
普拉提	球式滚动	134
普拉提	V 形悬体预备式或 V 形悬体	143 或 144
普拉提	普拉提式俯卧撑	146
普拉提	仰撑抬腿	136

跑步

优秀的跑步运动员需要有扎实的基础和强壮的臀部肌肉。他们需要很强的下半身力量、能够缓解冲击力的活动关节，以及结实的臀肌。本套训练方案的目标是让运动员为他们将要承受的持续冲击做好准备，无论是短跑运动员还是长跑运动员，本套训练方案对其都有所帮助。

跑步训练方案

形式	练习	页码
泡沫轴	泡沫轴背部放松	48
泡沫轴	泡沫轴臀部放松	49
泡沫轴	泡沫轴腘绳肌拉伸	50
泡沫轴	泡沫轴髂胫束放松	52
臀肌激活系列	侧向横走	87
臀肌激活系列	侧向滑动	88
臀肌激活系列	向前 45 度走	89
臀肌激活系列	向后 45 度走	90
普拉提	站姿向下卷动	147
普拉提	普拉提式俯卧撑	146
普拉提	四足跪姿鸟狗式	104
普拉提	天鹅式	129
药球	药球反向弓步	163
药球	药球深蹲	162
药球	药球前弓步	164
哑铃	哑铃高拉	203
哑铃	哑铃划船	199
哑铃	哑铃过头推举	201

垂直运动（排球和篮球）

垂直运动需要身体自然地相互协调。运动员需要学会控制运动中要求起降的动作。我们将之称为动作的加速阶段和减速阶段。本套训练方案将针对这两个阶段进行训练。请记住，能够有控制地加速和减速的运动员才会取得比赛胜利。

排球

由于排球运动员在训练和比赛中需要反复进行跳跃，所以本套训练方案中不包含快速伸缩复合训练。我们不需要使用相同的运动模式来训练运动员；相反，我们的目标是增强运动员的力量和爆发力，使其能更有力、更轻快、更笔直地跳跃。

排球训练方案

形式	练习	页码
动态热身	放松型跳跃练习	75
动态热身	双手并举垫步跳	76
动态热身	前后交叉垫步跳	77
动态热身	垫步开合跳	77
臀肌激活系列	侧向横走	87
臀肌激活系列	侧向滑动	88
普拉提	站姿向下卷动	147
普拉提	俯撑抬腿	142
普拉提	普拉提式俯卧撑	146
普拉提	四足跪姿鸟狗式	104
普拉提	天鹅式	129
普拉提	俯身游泳	131
普拉提	球式滚动	134
普拉提	腘绳肌拉伸	116
普拉提	腹斜肌交叉伸展	115
普拉提	肩桥式	108
普拉提	美人鱼式	138
普拉提	侧卧蚌式开合	128
杠铃	杠铃高拉	207
杠铃	杠铃悬垂翻	209
哑铃	哑铃过头推举	201
哑铃	哑铃深蹲	196
泡沫轴	泡沫轴股四头肌放松	53
泡沫轴	泡沫轴臀部放松	49
泡沫轴	泡沫轴腘绳肌拉伸	50

篮球

　　篮球训练方案的难度较高，其中包含杠铃抓举练习，它能够锻炼运动员的速度。它不仅能训练肌肉，还能激发神经系统进行爆发性运动，这是运动员在球场上必备的能力。

篮球训练方案

形式	练习	页码
动态热身	放松型跳跃练习	75
动态热身	双手并举垫步跳	76
动态热身	前后交叉垫步跳	77
动态热身	外展髋向前垫步跳	78
关节活动练习	踝关节	66
关节活动练习	膝关节环绕	68
关节活动练习	髋关节屈伸	69
杠铃	杠铃高拉	207
杠铃	杠铃抓举	211
哑铃	哑铃深蹲	196
哑铃	哑铃过头推举	201
普拉提	站姿向下卷动	147
普拉提	仰撑抬腿	136
普拉提	单腿上踢	132
普拉提	双腿上踢	133
普拉提	卷躯上提	118
普拉提	美人鱼式	138
药球	药球卷腹	170
药球	药球斜举	169
药球	药球侧击	171
药球	俯卧练习	172

冲击式运动
（橄榄球、英式橄榄球、拳击和综合格斗）

冲击运动是全身性的运动。以下练习能够在锻炼全身的同时，帮助运动员预防损伤。

橄榄球

本套训练方案锻炼的是产生冲击力和承受冲击力的能力。

橄榄球训练方案

形式	练习	页码
泡沫轴	泡沫轴肩部舒展	42
泡沫轴	泡沫轴扩胸	43
泡沫轴	泡沫轴股四头肌放松	53
泡沫轴	泡沫轴髂胫束放松	52
泡沫轴	泡沫轴腘绳肌拉伸	50
动态热身	放松型跳跃练习	75
动态热身	垫步开合跳	77
动态热身	外展髋向前垫步跳	78
动态热身	侧向垫步跳	80
杠铃	杠铃悬垂翻	209
哑铃	哑铃深蹲	196
哑铃	哑铃罗马尼亚硬拉	198
杠铃	杠铃挺举和推举	213
普拉提	百次摆钟	111
普拉提	腘绳肌拉伸	116
普拉提	卷躯上提	118
普拉提	脊柱扭转	120
普拉提	侧踢腿练习： ·上下踢腿 ·前后踢腿 ·单腿划圈	125、124 和 126

英式橄榄球

　　英式橄榄球也是一项冲击运动，它的训练方法与橄榄球的训练方法类似。我们在本套训练方案中加入了杠铃抓举，你也可以在杠铃抓举之后进行高翻练习。

英式橄榄球训练方案

形式	练习	页码
泡沫轴	神经系统激活	40
泡沫轴	泡沫轴股四头肌放松	53
泡沫轴	泡沫轴髂胫束放松	52
泡沫轴	泡沫轴小腿拉伸	51
动态热身	放松型跳跃练习	75
动态热身	垫步开合跳	77
动态热身	外展髋向前垫步跳	78
动态热身	侧向垫步跳	80
普拉提	百次摆钟	111
普拉提	双腿伸展	114
普拉提	腘绳肌拉伸	116
普拉提	美人鱼式	138
普拉提	脊柱扭转	120
普拉提	双腿上踢	133
普拉提	引颈前伸	119
普拉提	旋体拉锯	122
普拉提	侧踢腿练习： ·上下踢腿 ·前后踢腿 ·侧卧蚌式开合	125、124 和 128
杠铃	杠铃抓举	211
哑铃	哑铃罗马尼亚硬拉	198
哑铃	哑铃深蹲	196
哑铃	哑铃划船	199

拳击和综合格斗

本套训练方案能够有效提升力量和爆发力。

拳击和综合格斗训练方案

形式	练习	页码
关节活动练习	踝关节	66
关节活动练习	膝关节环绕	68
关节活动练习	髋关节屈伸	69
关节活动练习	下巴前伸和内收	71
普拉提	百次摆钟	111
普拉提	单腿伸展	113
普拉提	双腿伸展	114
普拉提	V 形悬体	144
普拉提	俯撑抬腿	142
普拉提	俯身游泳	131
普拉提	站姿向下卷动	147
药球	药球深蹲	162
药球	药球反向弓步	163
药球	药球前弓步	164
杠铃	杠铃悬垂翻	209
哑铃	哑铃深蹲	196
哑铃	哑铃罗马尼亚硬拉	198
哑铃	哑铃过头推举	201

　　正如我们在本书开头所说，这是一本制定训练方案和提供训练思路的指导手册。教练和运动员们可以根据每章的内容，制定出上千套训练方案。我们所提供的方案仅作为参考。请记住，并非每项练习都适合每位运动员。无论锻炼时间是长还是短，你每天进行的训练都应包含以下内容：神经系统激活、热身、训练阶段、核心训练和拉伸阶段。BEYOND MOTION ®的所有运动员，无论其年龄或运动项目有何差异，都会遵循这个模式来进行训练。我们最重要的建议是，你必须建立强大、稳定、灵活的基础，只有这样你才能成为一名成功的运动员，这是需要时间的。打造坚实基础的关键是，当运动员准备充分并在恢复期适当进行锻炼时，他们才能取得进步，并减少身体损伤。

　　艾尔·韦尔梅伊曾告诉作者："你无法指导你没有切身体会过的东西。"也就是说，如果你要通过本书的练习指导一名运动员，那么你首先要确保自己已经体验并熟悉了这些练习。例如，完成杠铃悬垂翻的感觉很好。

　　确保你指导的内容与你的经验相符。

术语表

腹部肌肉 / 腹肌——腹部前侧或内侧的肌肉。腹直肌（腹直肌，通常被称为 6 块腹肌）、腹斜肌和腹横肌构成了整个腹部区域。在普拉提中，这块区域属于能量轴心的一部分。

骨盆前倾——处于这个姿势时，骨盆的前部下移、后部上移。当髋屈肌缩短并且髋伸肌拉长时就会出现这种情况（站直，双手放在骨盆带上。将骨盆向后倾斜，使脊柱的腰椎部分弯曲，想象自由钟的摆动）。

髂前上棘（ASIS）——骨盆前上方突起的部分。人们经常错误地将它称为髋骨。髂前上棘在仰卧时会很明显，当处于仰卧位时，它往往会显现出来。

轴向延长——姿势和脊柱的长度。把它想象成从头顶到尾骨最长的一条线。让脊柱保持自然弯曲，不要使之倾斜或对它产生压迫。

颈椎——颈椎，或称颈部，从头骨底部开始，由 7 根椎骨组成。下半部分与脊柱的胸椎段相连。第一节颈椎叫作寰椎，它绕着第二节颈椎的轴旋转。这是负责颈部和头部旋转的区域。颈椎的 7 根椎骨通过成对的小关节与背部相连，实现了向前和向后伸展以及扭转运动。这些小关节会随着时间推移而磨损，从而导致颈椎管狭窄或骨关节炎。

髂胫束（IT band）——髂胫束的作用是稳定膝关节、协助髋外展。它起于髂嵴的一侧，止于一块叫作阔筋膜张肌（TFL）的小肌肉上。它沿着大腿外侧延伸并穿过膝关节，连接至胫骨。

腰椎——腰椎的 5 块椎骨（L1 ~ L5）是脊柱中最大的未融合椎骨，它们能够支撑整个躯干的重量。同时，腰椎具有高度灵活性，可在许多不同的平面上活动，包括屈曲、伸展、侧弯和旋转。

骨盆中立——骨盆最自然的排列方式，不前倾、后倾或向侧方倾斜。处于这个位置时，骨盆应该是水平的。髂嵴的一侧穿过肚脐到另一侧，向下到耻骨，再回到髂嵴的另一侧，应形成一个三角形。三角形应该是水平的，且不能出现任何倾斜。

脊柱中立——正常的脊柱，带有其自然曲线。普拉提的练习者应能够认识并达到脊柱中立。脊柱错位会导致肌肉代偿，造成过度的压力、疲劳、疼痛、低效运动和潜在伤害。

腹斜肌——沿腹部侧方和前方延伸的腹内斜肌和腹外斜肌。腹外斜肌是最外侧的腹部肌肉之一，从肋骨的下半部分一直向下延伸至骨盆。腹斜肌可带动身体旋转并向侧方弯曲。

骨盆底肌——骨盆底肌是骨盆底部的肌肉结构。它属于身体核心的一部分，有助于保持姿势正确和稳定，并与膈肌协同作用。它有助于分散内部器官的重量和压力，并与髋部和深腹横肌的肌肉组织有关。

梨状肌——臀部深处的小肌肉，位于臀大肌的内侧。它从下脊柱沿斜线延伸至股骨上表面。坐骨神经位于梨状肌下方或穿过梨状肌。梨状肌可以带动髋部旋转，并能帮助腿部和脚部向外旋转。

骨盆后倾——处于这个姿势时，骨盆的前部上移、后部下移。当髋屈肌延长并且髋伸肌缩短时就会出现这种情况。想象自由钟的摆动，倾斜骨盆，使髋部向前移动。

髂后上棘（PSIS）——骶骨三角的这一部分从髂嵴一侧的外尖端，穿过骶髂关节到另一侧，并向下连接至尾骨。髂后上棘是骶髂后韧带倾斜部分和多裂肌的附着点。

俯卧位——面朝下趴着，或像四足动物一样面朝下跪着。

腹直肌——又被称为腹肌或6块腹肌。它是在腹部前壁两侧垂直延伸的成对的肌肉，其左右两侧的中线被一组叫作腹白线的结缔组织带分开。

骶髂关节（SI）——骶骨与髂骨之间的骨盆关节。这些骨头由结实的韧带连接在一起。骶骨支撑脊柱，并由两侧的髂骨支撑。身体两侧各有一个骶髂关节。

骶骨——这是脊柱底部位于骨盆后部髂骨之间的三角骨。骶骨的顶部被称为骶骨底，骶骨的底部被称为骶骨尖、尾骨或尾椎，能够固定后骨盆底。骶骨由5块融合的骨头组成，是脊柱中不旋转的部分。

仰卧位——面朝上的平躺姿势。

胸椎——脊柱的胸段由12根椎骨（T1～T12）构成，从肩带的顶部延伸到肋骨底部。这些椎骨牢固地附着在肋骨和胸骨上，帮助身体扭曲和弯曲。

腹横肌（TA）——这些肌肉构成了最深层的腹肌，其最有效的激活方式是将肚脐向脊柱方向收缩。腹横肌的作用是增加腹内压和控制腰椎活动。

作者简介

埃米·拉德曼（Amy Lademann），PMA®-CPT

埃米的丈夫里克是 BEYOND MOTION® 的创始人。BEYOND MOTION® 是一家先进的运动表现训练机构，总部位于佛罗里达州的那不勒斯市。BEYOND MOTION® 的理念是将运动员的运动表现训练与普拉提相结合。自 2009 年以来，他们被业界公认为培养精英运动员和职业运动员的领军人物。

埃米小时候学习跳舞，16 岁时获得了有氧运动和踏板操领域的专业认证，开启了自己的健身生涯。对健身的热情激发了她对知识的追求，在接下来的 20 年里，她先后获得了 Nia Technique、Bellatone、Barre、Zumba（及其他舞蹈健身项目）和瑜伽等领域的专业认证。不幸的是，埃米在 20 多岁的时候，出现了严重的坐骨神经疼痛和背部问题。在想尽办法减轻不适感的过程中，她发现了普拉提并立刻迷上了这种练习方法。普拉提是唯一帮助她治愈了疼痛的运动。她于 2001 年在 Polestar 开始了她的普拉提生涯，并学习各种当代普拉提方法，还在 MOTR 和 Bodhi 获得了 Balanced Body 的证书。2016 年，埃米与有名的普拉提教育学院合作，创建了 BEYOND MOTION® 的综合普拉提教师培训计划，并被学生称为"老师的老师"。

2017 年，埃米通过美国国家健身协会（NGA，一个禁止使用药品的健美组织）首次参加了形体和比基尼比赛。她第 1 次参赛就获得了形体新人赛（首次登台比赛）、形体大师赛（35 岁以上女性可参赛）和形体公开赛（各年龄段和身高的女性均可参赛）的第 1 名，以及比基尼公开赛的第 2 名。她还获得了职业认证，这意味着她可以参加职业比赛。2018 年，埃米再次登台比赛，并在她所参与的比赛类别中获得了第 2 名和第 3 名。对她来说，努力提升自己的最佳状态始终是最重要的。

里克·拉德曼（Rick Lademann）

里克在20多岁时就与艾尔·韦尔梅伊一同指导芝加哥公牛队的训练。3年后，他前往科罗拉多州的斯普林斯，在曾是奥林匹克举重运动员的德拉戈米尔·索罗斯兰的帮助下，进入美国奥林匹克训练中心的举重队工作。里克在该训练中心工作了两年，在奥运会运动员的挑选和培养方面发挥了重要作用。

后来，他进入了科罗拉多州的美国空军学院，指导足球队的速度和力量训练。在此期间，他还在位于科罗拉多州斯普林斯的世界体育场与美国花样滑冰队合作。里克所教授的核心意识和爆发力的产生方式为许多奥运会运动员提供了重要帮助。

之后，里克作为体能训练顾问，在斯特德曼·霍金斯诊所与国际知名的骨科医生一起工作。正是在这家诊所，里克为多名职业运动员，特别是科罗拉多洛基队的职业运动员进行了物理治疗。在这个过程中，里克成了棒球运动员拉里·沃克的运动表现教练。拉里·沃克是洛基队唯一一位获得美国最有价值球员奖的球员。在接受了里克的指导后，连有名的体育记者肯·罗森塔尔（Ken Rosenthal）都注意到了沃克运动表现的提升，该记者还指出，里克制定的训练方案使沃克从春季训练开始就有了明显的变化。

里克随后担任了加州大学伯克利分校的力量教练，在此期间，他帮助加州橄榄球队赢得了2003年的全国冠军。此外，里克还为男子和女子网球、棒球及篮球队效力。

自2000年年初以来，里克已经成为逾100名美国职业棒球大联盟（MLB）、美国职业橄榄球大联盟（NFL）、网球和高尔夫球运动员的主要力量和速度教练。他以对身体的深入了解而闻名，许多运动员在休赛期都会去找他合作。

译者简介

汪敏加

北京体育大学运动康复博士、博士后，康复治疗师；成都体育学院运动医学与健康学院副教授、硕士研究生导师、运动康复系主任；中国康复医学会康复医学教育专业委员会第一届青年委员会常务委员，中国康复医学会物理治疗专业委员会运动康复物理治疗学组常委，中国老年学和老年医学学会运动健康科学分会青年委员；美国运动医学会认证生理学家（ACSM-EPC），世界物理治疗师联盟（WCPT）中国物理治疗师资专业化认证；中国体育科学学会认证运动处方师、体能训练师授课导师，美国运动医学会－中国运动医学会私人教练认证（ACSM-CASM CPT）授课导师；主持、参与国家击剑队、射击射箭队等多支队伍的多项科技服务项目；参编、参译专业图书 10 本，主持、参与科研课题 12 项，发表国际、国内学术论文 10 多篇；主要研究方向为女性康复与健康、运动损伤的预防与康复及全民健身与运动处方。